DO CORPO À SENSIBILIDADE

Educação Física na escola dos pequenos

Elisabeth Neide Klaus Cacalano

Porto de Idéias
EDITORA

São Paulo, 2011

Do corpo à sensibilidade: Educação Física na escola dos pequenos
Elisabeth Neide Klaus Cacalano

Editor
Sebastião Haroldo de Freitas Corrêa Porto

Projeto Gráfico e Capa
Marcelo Maranhão

Revisão
Silvana Pereira de Oliveira

Dados Internacionais de Catalogação na Publicação (CIP)
(Câmara Brasileira do Livro, SP, Brasil)

Cacalano, Elisabeth Neide Klaus
Do corpo à sensibilidade : educação física na escola dos pequenos / Elisabeth Neide Klaus Cacalano. -- São Paulo : Porto de Idéias, 2011.
Bibliografia
ISBN 978-85-8061-003-1
1. Educação de crianças 2. Educação física - Estudo e ensino 3. Prática de ensino 4. Professores de educação física - Formação I. Título.

11-03061 CDD-372.86

Índices para catálogo sistemático:
1. Educação física escolar 372.86

Rua Pirapora, 287 – Vila Mariana
São Paulo – SP – 04008.060
Tel. (11) 3884-3814 – Fax (11) 3884-5426
portodeideias@portodeideias.com.br
www.portodeideias.com.br
twitter.com/portodeideias

> "Até três, quatro ou cinco, digamos até seis anos a alma da criança precisa brincar."
>
> (PLATÃO; República 793-d e 794-a.) [sic].

Platão explicita que a brincadeira, o brincar e o jogo são envolventes e funcionam como força centrífuga para a energia infantil. Na República (536-537a) (sic), ele adverte:

> [...] não eduques a criança no estudo pela violência, mas a brincar, a fim de ficares mais habilitado, a descobrir as tendências naturais de cada um [...] a criança deve aprender brincando porque nada do que entra na alma por violência aí permanece (PLATÃO, apud PIETTRE, p. 33-34).

Prefácio

O desenvolvimento é um processo contínuo, que acontece nas e pelas relações interpessoais que o indivíduo estabelece em um dado contexto sociocultural. É por meio da atividade que tais relações são vivenciadas pelos sujeitos interagentes sendo de especial importância durante a infância e no ambiente escolar.

Como profissional de Educação Física e professora no curso de Graduação em Educação Física das FMU, há anos acompanho Elisabeth Cacalano em seus estudos sobre o desenvolvimento infantil, assim como suas inquietações na busca constante de legitimar a importância das aulas de Educação Física nas escolas de Educação Infantil e sua relevância no Projeto Pedagógico Escolar.

Os resultados de suas pesquisas aqui relatados instigam o leitor ao mergulho prazeroso nas explicações sobre o desenvolvimento infantil, ilustradas por desenhos feitos por crianças em aulas de Educação Física, os quais foram coletados pela autora ao longo de sua vasta experiência prática. A professora Elisabeth coloca de forma objetiva sua ideia de que o desenho infantil é revelador de sentidos e significados, atribuídos por seus autores às atividades vivenciadas nas aulas de Educação Física.

Ao entender o desenho como atividade criativa e estimuladora do desenvolvimento cognitivo, a autora o coloca também como forma de expressão e comunicação, portanto, como construção cultural. Incluindo o desenho como atividade sistemática após aulas de Educação Física, o professor terá o desafio de dar "voz" às crianças rompendo com o paradigma do excesso de diretividade do apenas "saber fazer". Na parte final dessa obra, Elisabeth propõe e descreve várias atividades que podem ser vivenciadas pelas crianças em um contexto lúdico adequado ao simbolismo infantil.

Ao compartilhar suas experiências com o leitor, a autora em muito contribui para uma prática de ensino da Educação Física mais criativa, e reflexiva, comprometida com a transformação social no âmbito da Educação Infantil, etapa tão importante para a formação integral do indivíduo.

Dra. Marilda Gioeilli Torres de Carvalho
Profissional de Educação Física.
Professora de Didática das Faculdades Metropolitanas Unidas - FMU.

Sumário

Introdução

Ao buscar razões para explicar a prática da Educação Física nas escolas, deparei-me com as razões do corpo, da inteligência e a sensibilidade, para perceber que as "crianças" são seres pensantes, criativos e capazes de aprender sempre.

De tanto me preocupar com o desenvolvimento de crianças pequenas, ao longo da infância, acordava no meio da noite preocupada com a organização de aulas, segundo as necessidades delas. As ideias para aplicá-las até afloravam concretamente como um panorama colorido, no qual se destacavam crianças correndo, saltando e dançando com lenços coloridos, com fundo musical, que completavam seus movimentos, o que muitas vezes até "parecia um sonho".

Nesse sonho como numa coreografia as crianças percebiam com alegria suas ações e o movimento leve de seus corpos, que fluíam em conjunto com o dos coleguinhas. Todos se contagiavam e queriam participar ainda mais. Então, eu transportava essas ideias para a prática pedagógica, com muitas e variadas aplicações, e notava que as crianças pareciam não se cansar.

Também me dei conta, depois de longo tempo, que nunca havia filmado as apresentações dos alunos, no decorrer das aulas ou das festas escolares. Mas guardo na memória muitos desses momentos, de muito trabalho, mas de puro prazer.

Ao reorganizar materiais didáticos, livros e papéis, deparei-me com algumas fotografias, de grupos de crianças, em traje de festa, para apresentações; fotos essas que foram doadas por pais de ex-alunos. Ao olhá-las mais demoradamente, percebo que neles havia a alegria e o entusiasmo próprios da infância.

Também resgatei fotos de crianças pequenas, pré-escolares ou do primeiro ano, flagradas em seus jogos simbólicos, assim como os desenhos de crianças de 3 a 6-7 anos de idade. Elas desenharam após sua participação em aulas de Educação Física e escolheram as atividades mais prazerosas.

Esse projeto foi aplicado em uma escola com 166 alunos, e os resultados foram apresentados em congresso de formação de professores, ao mesmo tempo em que já trabalhava com o desenvolvimento infantil na formação de professores, de Educação Física e de Pedagogia, e também com o processo de aprendizagem de alunos da Educação Infantil e das séries iniciais do Ensino Fundamental.

Para os futuros professores, muitas vezes usava oficinas sobre o movimento, com música e filmes de aulas de outros colegas, e até os desenhos que havia coletado para o projeto de pesquisa, visto que o mesmo tratava da atribuição de significados que as crianças davam para os jogos e brincadeiras de roda.

A partir dessas aulas recebi fotos que um dos alunos do curso superior fez sobre atividades, que ele mesmo propôs para escolares e depois deixou comigo, como doação. Mas, neste ano, ao usar o exemplo acima tive uma grata surpresa, quando recebi um presente: os desenhos de crianças, do primeiro ano, também efetuados após o decorrer de aulas de Educação Física, com alunos de um de meus graduandos.

Comparei então esse material com os que fizeram parte de minha pesquisa, e percebi que além de representar as diferentes fases do desenho, desde a garatuja até àqueles com muitos detalhes, eles também representavam o quanto essas atividades são significativas para as crianças entre os 5 e 7 anos de idade.

Abordei este tema com professores que exercem suas funções em escolas municipais, os quais orientei sobre a importância das aulas de Educação Física, para as crianças da Educação Infantil e do Ensino Fundamental I, e percebi que a curiosidade ficou aguçada, pois essas experiências, embora apresentadas por mim em Encontros e Congressos de Educadores, ainda não haviam sido narradas, exemplificadas e publicadas no formato de um livro. Logo tratei de organizá-lo, com a esperança que outros possam partilhar da mesma; revisito experiências e as relaciono com a Educação Física como componente curricular, com sugestões e atividades.

1. O desenvolvimento da criança como ponto de partida

Nesse momento volto minhas reflexões aos professores em geral e àqueles que estão em formação nos cursos de Educação Física e de Pedagogia, que recebem informações sobre os aspectos físicos e da maturação biológica, das transformações internas e externas, que ocorrem com as crianças/alunos do nascimento à idade escolar e daí até a adolescência.

Na formação profissional é importante aprofundar os conhecimentos sobre o processo de início da oralidade infantil, da imitação à linguagem como comunicação, através do corpo e dos movimentos, da mímica, dos jogos e atividades rítmicas e, principalmente, sobre as relações sociais que acontecem nas interações dos alunos com seus colegas, com o próprio professor e na construção de conhecimentos, conforme o exemplo a seguir:

Exemplo de movimento e interação em atividade

De acordo com Piaget (1976, 1999), o desenvolvimento humano se inicia através do "movimento", sendo o primeiro mês de vida aquele em que a criança depende exclusivamente dos movimentos reflexos para sobreviver, assim como dos cuidados que os adultos dispensam a ela. Seus estudos e observações permitiram organizar o desenvolvimento em fases ou períodos denominados: ***sensório-motor, pré-operatório*** e ***operatório***; que comparamos àqueles do desenvolvimento motor estudadas por Gallahue (1996, 2001).

Segundo Gallahue, a compreensão do desenvolvimento motor ajuda a explicar como ocorre o aprendizado. Esse é um extenso processo que começa com os primeiros movimentos reflexos do bebê e continua ao longo da vida, através das fases de: ***movimentos rudimentares*** (de 1 a 2 anos de idade), ***movimentos fundamentais*** (de 2 a 6-7 anos de idade) e *da* ***combinação de movimentos*** (de 6-7 a 10-11 anos de idade).

Finalmente, na adolescência passam à fase dos *movimentos especializados ou culturalmente determinados*, que é influenciada por fatores internos e sociais, e que constituem o emprego permanente do movimento corporal na vida diária do sujeito, assim como na cultura recreativa, competitiva e esportiva a partir de 11-12 anos de idade até sua fase adulta.

De acordo com Gallahue, nessas fases ou períodos, é através dos movimentos rudimentares que ocorrem as primeiras formas de movimentos voluntários aprendidos pelo bebê até aproximadamente a idade de 2 anos, o que é influenciado pela maturação biológica e pela estimulação do meio ambiente, e envolvem desde os movimentos de controle da cabeça, músculos do tronco, mãos e braços, para depois alcançar e agarrar objetos, assim como se locomover a partir do sentar com equilíbrio, arrastar-se, engatinhar, ficar em pé e caminhar. Nesse período há tanto um rápido desenvolvimento dos processos cognitivos quanto da motricidade, e entre o primeiro e o segundo ano de vida há uma ativa exploração do meio ambiente, conforme estudos de Piaget e de Gallahue.

Ao desenvolver habilidades de manipulação e locomoção há uma grande influência nos movimentos fundamentais de andar, correr e se equilibrar, que se desdobrarão como: ***Fase motora fundamental***, no ***estágio inicial*** entre 2 e 3 anos de idade; ***estágio elementar*** entre 4 e 5 anos de idade, em que as crianças frequentam a Educação Infantil; e no ***estágio maduro*** entre 6 a 7 anos de idade; fase que corresponde à entrada da criança no 1º ou 2º anos da escolarização, no Ensino Fundamental.

Nesse aspecto Gallahue (2001) chama nossa atenção para os estudos de alguns especialistas da motricidade, que se reportam apenas à condição "maturacional" como responsável pela ampliação e controle da motricidade em crianças de 5 a 6-7 anos de idade, os quais ele critica, pois considera que as condições ambientais, tanto quanto a estimulação e a prática de movimentos, assim como o encorajamento para conhecer novas formas de habilidades como: saltar, saltitar, lançar objetos ou bolas, pular corda, dançar, coordenar e controlar o próprio corpo, também exigem a constituição de hábitos e a aprendizagem.

Essas são influenciadas pelo grupo social em que a criança convive e pertencem à sua estrutura cognitiva e emocional, o que também apontam Wallon (1962), Le Boulch (1987) e Freire (1991, 1998, 1999, 2003) em suas sugestões sobre o *Esboço de organização de um currículo em uma escola*, no que se relaciona às aulas de Educação Física.

Ao analisar essas aulas no currículo escolar, conforme aponta Freire (1999), retomo as experiências com os projetos de atribuição de significados dado pelos alunos com o uso do desenho, assim como reflexões na formação de professores, com os quais levantei as necessidades de aprendizagem de crianças em escolas, para criar uma sequência de aulas e materiais didáticos.

Para dar início ao estudo considerei as possibilidades metodológicas, assim como a descrição de minha aproximação com a realidade das escolas, pois era preciso organizar um Projeto de Pesquisa, com a metodologia qualitativa e intervenção em parceria com professores.

Participei de vários encontros e acompanhei um grupo de professores que demonstrava suas propostas de atividades aos colegas, que participavam da experiência de oficinas práticas, através das quais fazíamos as adequações de suas sugestões para aplicação na realidade de escolas de Educação Infantil e do Ensino Fundamental.

Desse modo, de forma democrática, os participantes professores de diferentes unidades discutiam e ampliavam sugestões e possibilidades, assim como variações das tarefas propostas. Isso remete à minha experiência como professora de pré-escola municipal e como Assistente Pedagógico, quando realizei debates com professores de Educação Física da rede estadual, assim como formadora de professores ao longo dos últimos anos.

Nos encontros, cada grupo de professores além de vivenciar na prática aquilo que aplicaria com seus alunos, ainda discutia teoricamente os objetivos dessas atividades pertinentes a cada faixa etária, e a partir dessas oficinas organizávamos festivais com os alunos de 20 escolas e com a participação de professores Alfabetizadores e de Educação Física.

Como pesquisadora me dei conta de que para prever intervenções pedagógicas era importante a aplicação de questionários para constatar quais são os materiais pedagógicos existentes nas escolas, assim como um possível levantamento sobre alunos com deficiência e ou com necessidades educacionais com as quais os professores atuavam. A partir dessas informações, os alunos foram então incluídos nos festivais, junto com os demais, e as experiências foram relatadas oralmente nos encontros de Assistentes Pedagógicos e também através da orientação de trabalhos científicos.

Na atualidade penso que antes de propor intervenções é necessário fazer observações das vivências dos professores, em especial quando relatam suas experiências, assim como levantar dados, com indicações teórico-práticas e pedagógicas sobre as atividades consideradas mais adequadas para alunos da faixa etária de 6 a 10-11 anos de idade.

Nessa prática tenho auxiliado Equipes Escolares e de Coordenadores, e trabalhado na formação inicial de professores através de aulas, visitas, palestras e orientação de trabalhos de final de curso (TCC), portanto, penso que essas experiências caberiam melhor no formato de um livro e para tanto discuto o desenvolvimento infantil sobre diferentes pontos de vista: do Desenvolvimento Motor, Cognitivo e Afetivo-Social, assim como suas implicações sobre as teorias e as práticas de professores.

Na sequência revisito a aplicação da pesquisa sobre a atribuição de significada, a partir dos desenhos sobre a aula de Educação Física.

2. Revisitando experiências

Essa experiência com o uso do desenho infantil realizado após as aulas de Educação Física foi aplicada com 166 crianças, entre 3 a 6 anos de idade, alunos de uma escola de Educação Infantil e de um grupo de crianças do 1° ano do Ensino Fundamental. Portanto, revisito esse projeto.

Inicialmente, o projeto pretendia levantar a atribuição de significados em crianças de 3 a 6 anos de idade, para tanto considerei os estudos de vários autores, como Wallon, que publicou suas entrevistas com crianças pequenas, as quais em suas respostas descreviam o ambiente e faziam relações de causa e efeito entre os questionamentos que o autor dirigia a elas, e sua compreensão do mundo, o que de algum modo explicava o modo de pensar das crianças.

Essa compreensão do mundo aparecia de forma cada vez mais clara através do uso dos jogos. De acordo com diferentes autores, os jogos favorecem a aprendizagem sensorial e operacional e integra a representação que as crianças têm do mundo. Nesse sentido Piaget e Wallon colocaram em evidência o processo de desenvolvimento da inteligência infantil, que se baseia inicialmente nas ações. Primeiro a criança desenvolve uma inteligência prática antes de poder se utilizar dos instrumentos abstratos e simbólicos para pensar, o que ocorre entre o primeiro e segundo ano de vida.

A partir do surgimento da linguagem, inicia-se um novo período, que incorpora e acrescenta os símbolos às atividades das crianças através do desenho, do faz de conta, da imagem mental e da representação mental dos objetos à distância, assim como a evocação de algo significativo, como as histórias que lhes foram contadas ou vivencias de ações práticas, que elas são capazes de descrever oralmente e desenhar, o que marca o desenvolvimento do pensamento simbólico ou semiótico.

A linguagem revela que a criança coordena ações interiores, pensa, raciocina e evoca verbalmente. Em termos cronológicos esse período estende-se até por volta dos 6-7 anos de idade. Após passar anos aprendendo a movimentar-se, a pensar, a sentir e a se relacionar, a criança se vê em condições de estabelecer com o mundo uma relação de igualdade. Nessa nova etapa ela penetra num mundo extremamente diferente dos adultos, que é o mundo da fantasia, do "faz de conta" ou dos "jogos simbólicos".

Criança em Jogo Simbólico

Ela se identifica e representa a seu modo o que observa da realidade, como a imagem anterior, em que a criança coloca uma máscara, um tecido amarrado às suas costas e representa o "Batman" ou qualquer outra pessoa, imagem ou história. No caso da foto, esses jogos simbólicos já eram efetuados desde pouco mais dos 3 anos de idade, e se estendem desse período pré-escolar até o início do 1º e 2º anos do Ensino Fundamental, ou seja, por volta dos 6-7 anos de idade.

Nele as crianças estabelecem novos arranjos entre os esquemas motores e a cognição, que continuará a desenvolver-se em termos qualitativos, com várias combinações que as crianças processam.

Ao desenhar, as crianças exprimem o que conhecem ou sua representação mental, o que elas já construíram e demonstram no momento em que desenham. Elas desenham o que sabem sobre o objeto até àquele momento e essa representação muda com as suas experiências de vida e com o conhecimento de novas linguagens.

Desenho Infantil – Garatuja

De acordo com Lowenfeld, na fase da garatuja entre 2 a 3-4 anos de idade, a criança que usa o papel e lápis, se surpreende ao perceber as marcas que sua mão produziu no papel, e essa representação gráfica lhe dá grande prazer. Para Piaget, essa fase parece na verdade com um jogo ou "jogo do exercício", são as garatujas ou rabiscos sem finalidade, que ela repete de memória, sem reconhecer formas de maneira objetiva.

Para o autor, a partir dessa intenção o desenho é imitação e imagem, como se fosse um treino de coordenação para um futuro desenho. Mas pouco a pouco as crianças passam a atribuir significados a seus desenhos, nomeando-os, pois percebem que há certa analogia entre os rabiscos que fizeram sem uma intenção prévia e algum objeto que já é conhecido.

Desenho Infantil – Garatuja

Na fase pré-esquemática, entre 3 a 6 anos, surgem os desenhos com formas fechadas, que parecem bolinhas, que elas organizam dentro e fora, embaixo e em cima, a partir do traçado das garatujas aos quais anexam linhas ou filamentos acoplados às suas figuras, que agora parecem sóis, colmeias, carrinhos, algo semelhante a bonecos, das quais surgem as primeiras figuras humanas.

Desenho Infantil

O desenho não tem ainda uma relação espacial entre os objetos, pois desenham o que sabem e não aquilo que veem. Começa a surgir a figura humana e a serem construídos símbolos, pois como a pintura e sua fala, ou o jogo, são representações próprias de seu pensamento entre os 4 a 6 anos.

Desenho Infantil

Os exemplos anteriores e os que virão a seguir são desenhos efetuados por crianças de 5 e 6 anos de idade, após a participação em atividades lúdicas ou em aulas de Educação Física.

Atividade realizada durante aula de Educação Física

Desenho Infantil após aula de Educação Física

O desenho anterior realizado após atividades em que os alunos subiram e desciam de uma teia, formada por cordas fixadas no muro da escola, foi muito significativo. Nele há proporções entre as figuras e uma clara intenção em elaborar e representar cenas com caráter lúdico, às quais elas nomeiam, atribuem significados e até já escrevem palavras ou frases por volta dos 6-7 anos de idade.

Desenho Infantil após aula de Educação Física

Já na fase esquemática dos 6 a aproximadamente 8 anos de idade, as figuras se encontram organizadas por temas e com uma nítida ordem espacial, sobre o que é do solo ou do céu, por exemplo.

Segundo as informações teóricas levantadas, e confirmadas, elas tentam explicar através dos desenhos os detalhes de suas atividades preferidas, dos jogos, das brincadeiras e dos rolamentos, dos saltos e atividades com bambolês e cordinhas, conforme se constata no desenho anterior e a seguir.

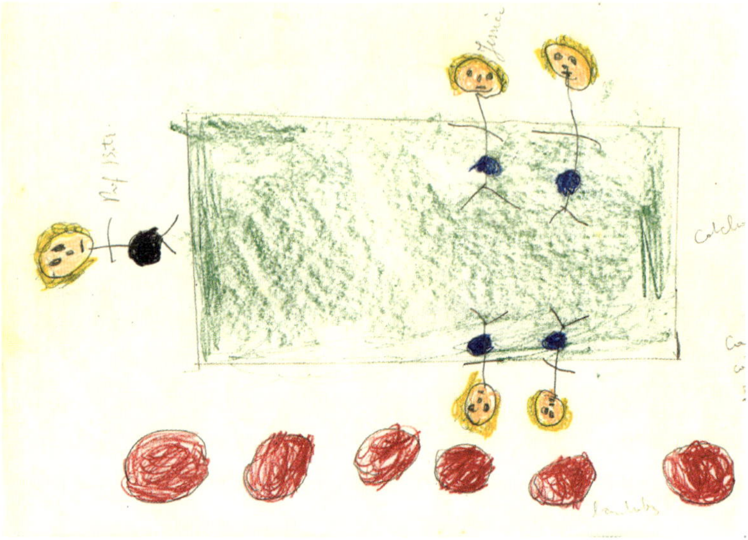

Desenho Infantil após aula de Educação Física

O que encontramos são crianças que pelo próprio desenvolvimento conseguem realizar várias ações como: manipular objetos de forma mais refinada, saltar mais longe, correr de forma mais veloz, o que também parece combinar com o desenvolvimento do seu pensamento. Assim como o corpo o fora na etapa anterior, nesse período o pensamento e o corpo precisam ser exercitados enquanto comunicação e linguagem, o que é exemplificado nas imagens a seguir:

Atividade realizada durante aula de Educação Física

Desenho Infantil após aula de Educação Física

A comunicação pode ser oral ou corporal, através do jogo simbólico, de brinquedos animados que têm voz e até através dos desenhos, situados na "função simbólica," como algo prazeroso com o qual as crianças compartilham o esforço de imitar o real.

Piaget ressaltou a importância da linguagem no plano social, assim como a interação com o ambiente, como fundamental para o desenvolvimento afetivo, pois quanto mais ricas forem as comunicações, maiores serão as possibilidades de os sujeitos desenvolverem seu raciocínio.

Para o autor, o desenho, nesse período, tem várias fases, e entre elas o **realismo fortuito**, em que a criança realiza garatujas, as quais elas atribuem o significado enquanto desenham. O **realismo intelectual** quando a criança desenha os atributos conceituais, por exemplo, sem a perspectiva visual em que o desenho pode ser de perfil, ter um único olho ou ter algum objeto incomum.

Desenho Infantil - O realismo intelectual

Entre os 6-7 anos de idade é que as crianças desenham um objeto que se encontra diante delas ou evocam algo que vivenciaram e já conseguem detalhar através do uso da imagem mental que possuem dos objetos, e assim relacionam oralmente todos os possíveis significados do que desenharam e até escrevem nomes ou frases sobre o tema.

Atividade realizada durante um Festival

Desenho Infantil após o Festival

Ao observar o desenho infantil a seguir, nota-se que a criança conseguiu detalhar sua participação, seus colegas, e ainda colocar a sua criatividade e imaginação, pois a professora aparece no desenho e está identificada ao centro da corda, como se ainda usasse os cabelos com penteado parecido com o das crianças, o que é muito próprio dessa fase infantil.

Desenho infantil - Cabo de Guerra

O desenho a seguir representa atividades motoras e o significado que foi atribuído pela criança, que já as relacionava com frases inteiras, como àquela sobre o jogo denominado "Cabo de Guerra", em que a aluna de 6 anos de idade escreveu: "*Na prova da corda os meninos ganharam e as meninas perderam*", por exemplo.

Desenho infantil - Cabo de Guerra

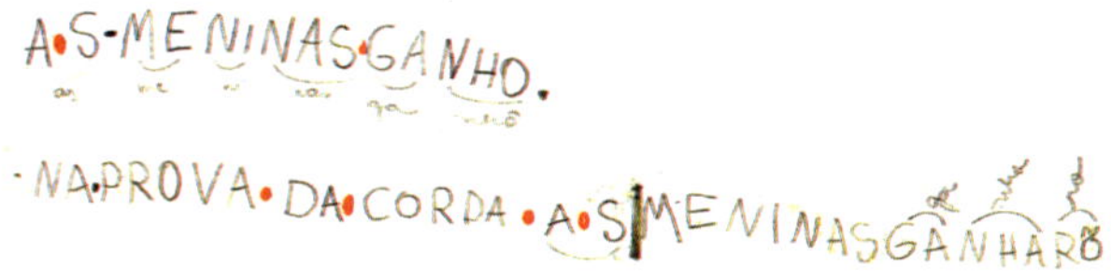

Para o leitor, que observa o desenho e a frase, também lembro que este foi o significado atribuído pela criança, e que na atividade prática as crianças não foram separadas por gênero, mas estavam juntos tanto de um lado quanto do outro da corda e a professora participava no meio deles. Contudo, do ponto de vista da aluna, os meninos pareciam exercer uma força maior que a das meninas, fato que a levou a concluir "que na prova da corda os meninos ganharam e as meninas perderam", o que também indica que a aluna está alfabética e já consegue comunicar-se pelo desenho e pela escrita.

Então, penso que seria interessante relacionar o desenvolvimento do pensamento simbólico nessa interação entre a linguagem e a ação corporal, em situação de exercício ou através de suas representações verbais, com a elaboração do desenho e com a atribuição de significados que as próprias crianças davam aos seus jogos e às brincadeiras.

Recordo ainda que a prática pedagógica das aulas de Educação Física se relaciona diretamente aos aspectos cognitivos e motores, logo é importante considerar o corpo infantil e seus movimentos, em cujo contexto lúdico se usa os jogos, os brinquedos e as brincadeiras, no âmbito da escolar.

Para perceber o desenvolvimento infantil e atingir as noções de aprendizagem através de um corpo em movimento, que corre, pula e brinca, é preciso considerar tanto a atividade prática quanto a atividade simbólica que ocorrem desde o período pré-operatório. "Quem sabe algum dia a escola da primeira infância descubra que para aprender a pensar é necessário entre outras coisas, viver o mundo da fantasia?" (FREIRE, 1992, p. 37).

No desenho a seguir elas relacionam um simples jogo de construção de regras em que os alunos foram dispostos frente a frente, em lados opostos, com imagens de crianças em equipes, como se fosse para um jogo de futebol, com os respectivos uniformes escolares. Isso significa que elas possuem uma imagem mental bastante forte sobre o jogo de futebol em si, conforme observam pela televisão e que foi representado, embora essa não fosse a atividade real, mas aquela da fantasia, da imaginação, do "faz de conta".

Desenho Infantil após atividade prática na aula de Educação Física

Desenho Infantil relacionado ao futebol

Na transição para o período operatório concreto as crianças conseguem dar movimento aos desenhos, e na prática não utilizam mais o brinquedo e o jogo de forma imitativa, pois brincam com a realidade concreta e interagem com "outros" no decorrer do jogo.

Assim, no exemplo a seguir, o desenho demonstra a percepção da atividade, com o detalhe do colchonete, com uma criança executando a atividade enquanto os demais aguardam junto à professora, portanto faz menção à situação real da qual participaram na aula de Educação Física.

Desenho Infantil após aula de Educação Física

Um detalhamento ainda maior foi efetuado por alunos do 1º ano, que foram assistir à competição de natação dos "Jogos Escolares", em que a escola participou e que foi muito significativo para eles, conforme ilustra a foto do dia e o desenho com a piscina, realizado no dia seguinte.

Competição de natação durante os Jogos Escolares

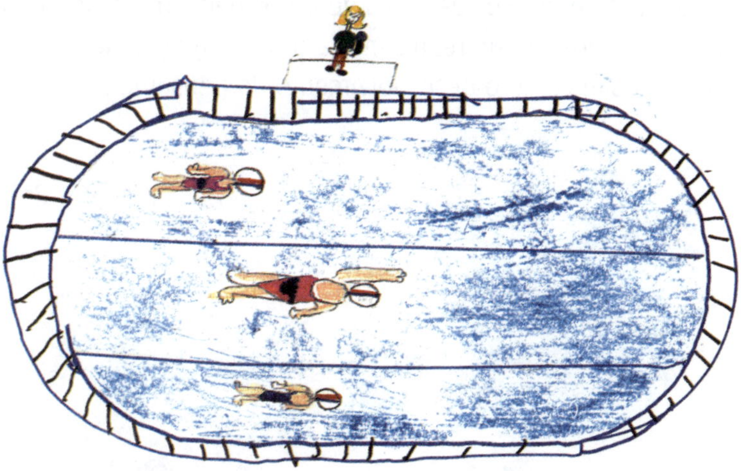

Desenho Infantil após a competição de natação

No exemplo a seguir, a professora utilizou o recurso de uma "aula historiada" para alunos do 1º e do 2º anos, com 6 anos de idade. Nessa atividade ela citou a sala em que as crianças estavam, para um ***relaxamento,*** e nos passos seguintes trabalhou com o esquema corporal em que deveriam perceber seu próprio corpo e depois tocar o rosto dos colegas, com os olhos fechados. A seguir, pediu que permanecessem de olhos fechados e então contou uma historia em que eles se imaginariam em um bosque, entre as árvores, com um lago no qual molhariam seus pés.

A partir dos desenhos anteriores em que relatei o desenvolvimento das atividades e ao mesmo tempo a evolução do desenho, com atribuição de significados, penso que para o leitor é interessante então rever o desenvolvimento da criança.

Há, portanto, nesse período de desenvolvimento o predomínio do "jogo de regras". Logo é interessante que os professores, e em especial os professores de Educação Física, levem em consideração essa relação entre o desenvolvimento infantil e as atividades propostas em suas aulas, de modo a contemplar as necessidades dos alunos.

Nos exemplos, a partir da aula historiada, a aluna percebeu as ações e depois da atividade desenhou os detalhes descritos pela professora, no formato de história em quadrinhos, o que representa a grande importância dessa atividade para a criança, assim como o desenvolvimento do pensamento simbólico.

Achando o par
Vanessa
Debora
Pamela
Karla

Sentindo o rosto do par

A viagem que a professora falou

3. O componente curricular Educação Física

Para situar a Educação Física Escolar é interessante rever sua colocação junto às demais disciplinas da grade curricular, de forma ampla, dinâmica e flexível com as atividades pertinentes, em uma visão interdisciplinar com as demais que farão parte do Projeto Pedagógico das escolas.

Para termos uma maior clareza quanto a esse componente curricular, lembramos que segundo a Lei de Diretrizes e Bases da Educação Nacional, LDBEN, Lei n. 9394/96, a Educação Física deve ser valorizada no Projeto Pedagógico da escola.

Essa valorização inclui a total participação dos professores Alfabetizadores e de Educação Física na discussão e elaboração de seus planos anuais junto aos demais professores da escola, para que venham a integrar o Projeto Pedagógico de cada unidade escolar. Neste sentido é essencial aos professores conhecer o desenvolvimento infantil em seus diferentes aspectos: ***cognitivo, motor*** *e* ***afetivo-social*** e também quanto ao ensino e aprendizagem, antes mesmo da execução dos planos de trabalho que farão parte dos conteúdos pertinentes a cada faixa etária.

Nesse contexto observei através de reuniões com os professores, o debate teórico-prático referente às aulas de Educação Física na pré-escola e do 1° ao 5° anos do Ensino Fundamental, ao longo de oito anos, para conhecê-los melhor e antes de pensar em organizar este material didático-pedagógico com sugestões de atividades.

Considerei os conhecimentos que professores possuíam sobre o alunado a ser trabalhado, o que me permitiu uma aproximação com a realidade deles, antes de redigir a proposta de trabalho para as aulas de Educação Física. Para alinhar este trabalho às exigências atuais consultei os Parâmetros Curriculares de Educação Física para o Ensino Fundamental, PCN (MEC 1998), e das diferentes orientações nele estabelecidas destaquei os objetivos a seguir, que dizem respeito ao que se espera dos alunos, para que sejam capazes de:

> Conhecer, valorizar, respeitar e desfrutar da pluralidade de manifestações da Cultura Corporal do Brasil e, do mundo, percebendo-as como recurso valioso para a integração entre pessoas e entre diferentes grupos sociais e étnicos.

> Reconhecer-se como elemento integrante do ambiente, adotando hábitos saudáveis de higiene, alimentação e atividades corporais, relacionando-os com os efeitos sobre a própria saúde e de melhoria da saúde coletiva. (PCN, 1998).

Ainda de acordo com os PCNs, as habilidades motoras deverão ser aprendidas durante toda a escolaridade, do ponto de vista prático, e deverão sempre estar contextualizadas; e nos conteúdos sobre os conhecimentos sobre o corpo devem ser orientados os hábitos posturais e atitudes corporais.

Portanto, não basta que os professores Alfabetizadores e de Educação Física conheçam grande variedade de tarefas motoras, mas é preciso que compreendam tanto as manifestações da "cultura corporal" quanto às possibilidades de que essas atividades integrem o processo educacional, assim como construam regras de convivência e de formação de hábitos e aprendizagem.

Para tanto se faz necessário lembrar que teoricamente a Educação é vista como direito e que nesse âmbito a Educação Física Escolar deve propiciar "***a ampliação do acervo motor e cultural dos alunos, para inseri-los na cidadania***". Trata-se de um trabalho conjunto entre o professor "Alfabetizador" e aquele que trabalha com a "Alfabetização Corporal", o professor de Educação Física.

Logo, a partir dos conhecimentos sobre o desenvolvimento infantil, cabe oferecer tarefas e atividades que propiciem a ampliação desses acervos e nas quais ainda se considere as questões afetivo-sociais dos alunos.

Ao considerar que, provavelmente desde a formação acadêmica dos professores de Educação Física, esses aspectos foram discutidos, também considero que isso certamente faz falta aos professores Alfabetizadores, e nesse momento retomo alguns autores, que pesquisaram sobre o movimento humano em sua aplicação como área global de desenvolvimento e aprendizagem já inserida na "organização de currículos escolares" através de aulas de Educação Física, de modo a dar sustentabilidade teórica às práticas escolares.

Para tanto cito autores brasileiros como: Go Tani (1988, 2008), Daolio (1994, 2008), Freire (1989, 1991, 1997, 1998, 1999, 2003), que se dedicaram a esses estudos, assim como Gallahue (1983, 1994, 1996, 2001), Magill (1998), que aprofundaram pesquisas sobre o desenvolvimento da motricidade, e Brougère (1998), que estuda e recomenda o uso dos jogos na Educação, assim como Piaget (1976, 1999) e Wallon (1962), que pesquisaram sobre o desenvolvimento das crianças, seu modo de pensar e aprender.

Na especificidade da Educação Física, revisitei os estudos de Freire (1991, 1998, 1999, 2003), que além de se preocupar com o desenvolvimento motor e cognitivo, também inseriu os "jogos" como parte desse desenvolvimento e aprendizagem através da organização do currículo, assim como trabalhou com o Parâmetro Curricular Nacional de Educação Física no Ensino Fundamental.

Neste sentido, muito se tem discutido que a Educação Física possui várias abordagens pedagógicas e que o professor deve desmistificá-la da visão tradicional em que ele era o modelo a ser seguido, e que aos alunos cabia apenas repetir movimentos para gastar energia até se cansar. Na atualidade sabe-se que a aprendizagem não ocorre pela mera repetição de tarefas motoras, mas pela compreensão do que se faz ou no "***fazer e compreender***".

É um ensino que se vincula à participação prática, mas que envolve ações complexas, nas quais os alunos podem ser questionados, participar individualmente, em duplas, grupos e trocar ideias com o professor sobre diferentes modos de execução, de percepção do próprio corpo e de seus movimentos. Há, portanto, o domínio motor e o domínio cognitivo em ação, quando os alunos têm acesso aos "jogos de construção e jogos de regras", que são colocados em prática e posteriormente discutidos na roda de conversa entre professor e alunos.

Na roda os alunos são avaliados em sua compreensão, bem como fazem uma autoavaliação de sua participação, e até evocam suas realizações, se cumpriram as regras e se têm sugestões que contribuam para modificar sua participação e a dos demais colegas, o que lhes permite desenvolver o senso de cooperação, que também se amplia com as cantigas de roda e em roda, assim como pelos jogos cooperativos.

Logo, o fator de exercício, assim como a experiência adquirida nos jogos de "faz de conta", bem como a evocação verbal, constitui a base das atividades infantis na primeira infância. Mas as interações que ocorrem na escola e nas aulas de Educação Física se ampliam como linguagem e aprendizagem, e "as aprendizagens escolares só são possíveis e eficazes se apoiarem-se sobre as estruturas já adquiridas anteriormente", segundo Doyle, (apud PIAGET, 1974, 1987), pois contribuem como exercício para favorecer o desenvolvimento e assimilação de novos conceitos e reflexões.

Assim, por exemplo, se um professor realiza uma aula historiada, as crianças já conseguem participar e ao mesmo tempo relacioná-la à sequência de movimentos, com início, meio e fim, e desse modo transportar para um desenho e, por volta de 6-7 e 8 anos de idade, escrever a respeito, visto que já estão alfabetizados.

Desenho Infantil após aula de Educação Física - aos 6 anos de idade

Ao transformar atividades e até ao propor novas regras a uma brincadeira, uma cantiga de roda, um jogo ou uma dança, a criança de 6, 7, 8 ou 9 anos de idade transforma objetos e situações, resolve conflitos e desequilíbrios que fazem parte do domínio intelectual e atinge a "equilibração", que leva à reversibilidade em pensamento, como propriedade das estruturas operatórias, e que compõem um dos fatores de desenvolvimento estudado por Piaget, Doyle e outros autores.

Para esses autores, o intercâmbio social e a socialização começam pela elaboração do pensamento, que só é possível quando as estruturas de reversibilidade estão adquiridas (DOYLE, 1987, p. 70-71), o que também se percebe nas reflexões e nas conversações entre crianças de 6, 7 e 8 anos de idade, enquanto, por exemplo, discutem sobre um "jogo de regras" que lhes foi proposto, assim como apresentam condutas morais enquanto participam dos mesmos.

Sob a coordenação dos professores, elas já conseguem perceber e apontar sua participação, seus acertos, se já cumpriram ou não as regras propostas. Ao recordar movimentos executados, bem como o uso adequado do esquema corporal e até se sua conduta foi adequada ou não para com os colegas, elas evocam seus próprios movimentos e ações, problematizam e constroem o próprio pensamento, e assim dão novos significados às aulas de Educação Física.

4. Relações entre a teoria e a prática escolar

A ciência tem comprovado, através de pesquisas, que a prática de atividade física e mental está interligada e ajuda a criança a se desenvolver melhor, além de ser aliada no combate à depressão e à obesidade. A atividade prática fortalece o coração, os pulmões e os músculos, assim como a capacidade mental, pois várias substâncias que facilitam a circulação sanguínea e a reorganização neuronal também são benéficas para o cérebro, (REVISTA MENTE E CÉREBRO, agosto, 2010),

Entretanto, para se conseguir uma intersecção maior, é importante considerar as características de cada fase da vida. Se no início da vida o desenvolvimento do repertório motor, da linguagem e do pensamento são de fundamental importância, com o passar do tempo surgem outras prioridades como adquirir competências sociais, testar seus próprios limites e construir autoconfiança, através de experiências bem-sucedidas. Isto também pode ser facilitado pelo exercício físico e pelos jogos.

Ao situar os jogos e o desenvolvimento infantil, Piaget relata entre eles o "***jogo de construção, o jogo simbólico e o jogo de regras***". Em seu livro *A formação do símbolo na criança*, e em suas pesquisas psicológicas sobre o jogo infantil, faz uma analise do jogo integrado à vida mental, caracterizado por uma particular orientação do comportamento, que denomina assimilação (PIAGET, 1978).

Para o autor há três sucessivos sistemas de jogos: *de exercícios, simbólico* e de *regras*. O jogo de exercício ocorre durante os 18 primeiros meses de vida, envolve a repetição de movimentos, no qual a criança repete determinadas situações por puro prazer e por apreciar seus efeitos.

Já os jogos simbólicos surgem a partir do segundo ano de vida, em que ocorre a representação da linguagem, e neste período a criança ultrapassa a simples satisfação da manipulação e assimila a realidade externa ao seu "eu", faz distorções ou transposições entre o real e o imaginário.

No jogo simbólico a criança satisfaz suas fantasias através da compreensão, superação de conflitos e preenchimento de desejos. Para as atividades de aulas de Educação Física, o "***jogo simbólico***" é a representação corporal do imaginário, da fantasia, do "faz de conta" (FREIRE, 1991).

O *jogo de regras* é o que marca a passagem da atividade individual para a socializada. Ele ocorre entre 7 e 11 anos de idade. Sua função é integrar e regular o grupo social, e distinguir dois tipos de regras: as que vêm de fora e as que são construídas espontaneamente e permitem que as crianças se organizem em grupos, que partilhem interesses e criem novas regras para suas atividades, e nesse período deixam de lado a imitação.

A imitação requer, segundo Wallon, uma participação motora daquele que é imitado, em um prolongamento do que é na origem, logo se trata da imitação do real, ou seja, a origem da representação está na imitação. O autor classifica os jogos em quatro tipos: jogos funcionais, de imitação, de aquisição e de construção (WALLON, 1978).

Os "jogos funcionais" são aqueles que conduzem ao exercício gratuito de funções psicológicas, emergentes, físicas ou sensoriais, por exemplo, agitar os dedos. Os jogos de ficção ou de imitação são as brincadeiras de faz de conta, de casinha, de bonecas, de trem, etc.

É através dos jogos de aquisição que a criança aprende a observar e ouvir, assim como apreciar gravuras, colecionar selos, ver TV, ouvir discos. Já os jogos de construção possibilitam cortar, modelar, construir coisas, desenhar, envolver-se com o mundo real.

Para Wallon, a atividade lúdica é uma forma de exploração da situação presente, enquanto que para Vygotsky os jogos são condutas que imitam ações reais e não apenas ações sobre objetos ou uso de objetos substitutos. Neles há dois elementos importantes da brincadeira infantil: a situação imaginária e as regras (KISHIMOTO, 1998).

A atividade simbólica aparece por volta dos 3 anos de idade, enquanto que o desenvolvimento humano e as funções psicológicas superiores são construídas ao longo da vida. Em seus estudos Vygotsky valoriza o fator social e afirma que no jogo de papéis, a criança cria uma situação imaginária ao incorporar elementos de sua cultura adquiridos através da interação e comunicação. Para ele o sujeito não é ativo, nem passivo, mas interativo.

Portanto, a criança usa as interações sociais como forma privilegiada de acesso às informações, nelas há regras nos jogos, através dos outros e não como resultado de um engajamento individual na solução de problemas. Isso significa que as crianças aprendem a regular seu comportamento pelas reações, quer elas pareçam agradáveis ou não. Em uma situação imaginativa, por meio da atividade livre, a criança desenvolve a iniciativa, expressa seus desejos e internaliza as regras sociais.

De acordo com Kishimoto (1998, p. 3), Wittgenstein comenta sobre a dificuldade para se compreender o jogo, uma vez que significados distintos são atribuídos ao mesmo termo, e para o filósofo, que questiona a lógica da linguagem, certas palavras só adquirem significado preciso quando interpretadas dentro do contexto em que são utilizadas.

Por pertencer a uma grande família com semelhanças e diferenças, o termo "jogo" apresenta características comuns e especificidades. Dentro da variedade de significados, são as semelhanças que possibilitam classificar jogos de faz de conta, de construção, de regras, jogos didáticos, recreativos, cooperativos e inúmeros outros na grande família dos jogos. Mas, certamente todos eles estão ou deveriam estar presentes na infância colaborando para o desenvolvimento infantil.

Ao estudar as características do desenvolvimento infantil, Freire (1999) sugere que em crianças de 6 e 7 anos de idade, por exemplo, "as noções de tempo e espaço se constituem antes no plano motor que no intelectual, porém afirmadas no plano intelectual provocam uma repercussão visível no plano motor" (p. 73). Isso envolve a participação nas situações de "jogo" e evidentemente o "fazer e o compreender" como parte integrante da reversibilidade em pensamento, fato que é característico da criança que atingiu o período das operações concretas.

O pensamento operatório constitui um espaço organizado, de forma cada vez mais ampla com o passar do tempo, o que para o autor, significa uma tendência das crianças em discutir com o outro, aprender a chegar a acordos e até compreender suas próprias ações ao superar desafios, o que também demonstram através das atividades corporais, dos jogos, das danças e das atividades rítmicas, assim como da escrita e das descrições verbais.

Nesse aspecto, ainda completaríamos com as atividades do desenho, que elas são capazes de realizar a partir das atividades práticas de que participaram.

Assim, ao se perceber em ação, as crianças ampliam suas habilidades motoras (de locomoção, de manipulação e de não locomoção) e, ao mesmo tempo em que compreendem sua própria motricidade, demonstram maior interesse em participar de jogos em grupo, pois os parceiros lhe permitem desenvolver ainda mais a compreensão ou as habilidades intelectuais, assim como as regras, e ainda melhorar suas habilidades motoras através da combinação de movimentos.

Essas atividades de combinação acontecem em duplas ou trios, por exemplo, pois ao lançar ou rebater uma bola, para depois correr e trocar de lugar com seus parceiros, os alunos utilizam as noções de uso do corpo e do espaço. Através de seus deslocamentos, enquanto correm ou saltam, também raciocinam e calculam como usar melhor o tempo ou imprimir a força necessária para arremessar ou lançar a bola aos colegas, por exemplo.

Ainda de acordo com Freire (1999), há questões do desenvolvimento biológico que interferem no desenvolvimento e na aprendizagem, como o ver, o sentir, o perceber diferentes tons de cores ou odores, por exemplo, que serão explorados culturalmente em sala de aula ou nas aulas de Arte e também explorados nas aulas de Educação Física através do uso da atenção, da percepção visual, auditiva, gustativa e tátil em "jogos de imitação, de atenção e até de regras".

Sem dúvida, aos 7 e 8 anos de idade as crianças já conseguem perceber que para participar de "jogos de regras" é preciso refletir sobre elas, compreendê-las, organizar-se para combinar os movimentos e cumprir as regras, e que para tanto é necessário aprender a cooperar com os colegas para solucionar problemas que aparecerem durante as atividades.

Nessas situações a atuação do professor é de suma importância, pois em sua função ele organizará o espaço para as experiências dos alunos, apresentará as regras e até colocará em discussão se é possível que os alunos ampliem ou modifiquem algumas dessas regras.

Desse modo ele acatará as possíveis sugestões dadas pelo grupo, assim como colocará em andamento a atividade e cobrará o cumprimento das regras que ficaram estabelecidas ou a cooperação, a ética e a conduta que beneficiarão tanto os aspectos cognitivos quanto a motricidade e a participação dos alunos.

Se no período pré-operatório (2 a 6-7 anos), os jogos são de fundamental importância, pois trabalham com a cognição, com a motricidade e com a afetividade e colaboram para o "fazer e compreender", é de se esperar que no período operatório concreto entre 8-9, 10 anos, tanto as Habilidades Motoras quanto as Habilidades Intelectuais já estejam bastante desenvolvidas.

Porém, cabe aos professores resgatarem atividades, assim como uma grande variedade de jogos, para melhor compreendê-los como parte do aprendizado infantil, em várias áreas do conhecimento durante a escolarização no Ensino Fundamental I, assim como ampliá-los para promover a criatividade dos alunos.

5. Conteúdos da Educação Física escolar

A Educação Física escolar é uma disciplina curricular que tem como meta a disseminação do conhecimento sistematizado e acumulado historicamente sobre a cultura corporal do movimento humano, através da ginástica, das danças e atividades rítmicas, dos jogos e do esporte. Ela promove aprendizagem, conhecimentos e controle do próprio corpo, através do uso da motricidade, uso das Habilidades Motoras e das Capacidades Físicas, Cognitivas e Afetivas.

Todas essas habilidades envolvem Habilidades Cognitivas como: pensar, planejar, tomar decisões, tentar, avaliar, ousar e persistir, fazer e compreender, que levam à aquisição de conhecimentos; assim como de conceitos como: maior, menor, perto, longe, alto, baixo, dentro e fora, forte, fraco, mais forte, mais devagar, mais veloz, etc.

O desenvolvimento das Habilidades Afetivas interfere na sociabilidade mediante interação grupal, através do cooperar, do competir, da solidariedade, da confiança, trabalha a frustração, a realização e o desempenho, e a troca de papéis, principalmente através da participação da criança nos jogos, nas danças e atividades rítmicas e cantigas de roda.

Portanto, nas aulas de Educação Física, as atividades propostas são usadas como um meio para desenvolver outras capacidades e conhecimentos, que não os diretamente vinculados apenas à melhoria da qualidade do movimento da criança, mas lhe permite comunicar-se corporalmente.

Assim, ao se perceber em ação, elas ampliam suas ***habilidades motoras*** assim como as ***habilidades intelectuais*** e as ***habilidades afetivo-sociais***. Ao mesmo tempo em que compreendem sua própria motricidade, seu próprio corpo, elas também demonstram maior interesse em participar de jogos em grupo, pois os parceiros lhe permitem desenvolver ainda mais a compreensão das regras com o uso de diferentes combinações de movimentos com as ***Habilidades Motoras*** que envolvem:

- ***Locomoção***: andar, correr, saltar, saltitar, rolar, rastejar, arrastar-se, dependurar-se, subir, descer, girar, abaixar, levantar, empurrar, contornar.
- ***Manipulação***: segurar, tocar, bater, rebater, apertar, equilibrar, torcer, quicar, chutar, lançar e receber, apoiar-se com as mãos, apoiar-se com os

pés, apoiar-se em quatro apoios, apoiar-se em uma cadeira de rodas, em uma bengala ou um bastão.

- ***Estabilização***: ficar em pé, sentado, agachado, deitado, imobilizado e equilibrado, relaxado.

Sugiro que professores Alfabetizadores, de Artes, de História, de Língua Portuguesa e os de Educação Física discutam e preparem, no primeiro bimestre do ano, de forma interdisciplinar/multidisciplinar, o resgate de "Jogos da Cultura Popular", através das cantigas de roda, brincadeiras em roda, ladainhas de pular corda, por exemplo, através dos quais as crianças do 1º e 2º anos do Ensino Fundamental, de 6 e 7 anos de idade, também exercerão sua oralidade por meio da linguagem oral e musical, assim como sua motricidade com a linguagem corporal ao mesmo tempo em que acessarão a cultura.

Nessas atividades integradas também é possível a recuperação do tempo histórico, a origem dessas atividades, que foram transmitidas culturalmente, de pai para filhos, netos, etc., assim como se basearam em diferentes culturas (europeia, africana, indígena) que compõem a cultura brasileira.

Sugiro ainda que para as turmas do 3º, 4º e 5º anos, os professores organizem Projetos de resgate da Cultura Popular, trazendo os jogos, brincadeiras, brinquedos e até danças utilizados pelos familiares ou pelas diferentes culturas, através de encontros, feiras ou mostras de trabalhos dos alunos, dos seus familiares e/ou da comunidade em que se localiza a escola.

6. A prática do professor

Ao planejar as aulas de Educação Física é importante que as atividades tenham de forma clara os objetivos gerais daquilo que se pretende alcançar, dentro do Projeto Pedagógico da escola, como por exemplo: Estimular os alunos a envolverem-se com atividades físicas para aumentar e enriquecer o seu repertório motor; Levar os alunos a interagir com o ambiente cultural em que vivem. Proporcionar aos alunos oportunidades de desenvolver sua motricidade, seu pensamento, sua oralidade e de construir conhecimentos, aptidões e atitudes.

Para os alunos da Educação Infantil e para o Ensino Fundamental do 1° ao 5° anos, esses conteúdos serão desenvolvidos em três blocos:

A) ***Conhecimentos sobre o Corpo***

B) ***Danças e Atividades Rítmicas***

C) ***Jogos***

Para alunos da Educação Infantil (4 e 5 anos de idade) e do Ensino Fundamental, 1° e 2° anos, (6 e 7 anos de idade)

A) ***Conhecimentos sobre o próprio corpo e seus movimentos*** envolvem o uso de movimentos com membros superiores, inferiores e com todo o corpo; o uso e reconhecimento do esquema corporal. Variações de locomoção (andar, correr, saltar, saltitar, rolar, quadrupedia, etc.). Variações de manipulação (pegar, lançar, receber, tocar, quicar, conduzir, segurar). Uso da coordenação motora (global e seletiva). Noções de uso do tempo e do espaço (lateralidade, trajetórias, linhas, conceitos: longe, perto, pequeno, grande, pouco, muito, mais longe, mais próximo, mais alto, mais baixo, etc.).

B) ***Danças, atividades rítmicas e expressivas*** envolvem o resgate da Cultura Popular: rodas e cantigas tradicionais e atuais, ladainhas de pular corda ou com diferentes materiais, dramatização. Danças folclóricas, danças circulares, cirandas. Pequenas coreografias com ritmo de palmas, instrumentos musicais ou músicas infantis, populares ou orquestradas.

C) ***Jogos: jogos de imitação e percepção*** (visual, auditiva, tátil sinestésica). ***Jogos de Construção*** *de regras.* ***Jogos Simbólicos*** (representação corporal do imaginário e do "faz de conta"). ***Jogos de Regras*** (regras simples, em duplas, trios, estafetas ou colunas, pequenos grupos, na roda ou em roda, nos quais se trabalham os movimentos, as habilidades, a cooperação, a participação, as parcerias, a oralidade, com uso de diferentes materiais ou à mão livre).

A pluralidade cultural refere-se ao movimento do corpo utilizado através do resgate das *Brincadeiras Cantadas, Brincadeiras de Roda* e em *Roda*, das *Danças, dos Jogos da Cultura Popular*, que trazem a memória e a cultura do nosso povo e suas raízes históricas, do passado até a atualidade, assim como os *Jogos de Regras*. Os jogos envolvem a imagem e percepção do corpo, o modo de andar, cantar, falar, dançar, brincar e jogar, o respeito para com o próprio corpo e o dos seus colegas.

Para alunos do 3º, 4º e 5º anos do Ensino Fundamental (8-9 e 10-11 anos de idade)

A) ***Conhecimentos sobre o próprio corpo e seus movimentos*** envolvem conhecimento e domínio do esquema corporal e da lateralidade. Orientação de tempo e de espaço. Desenvolvimento das Capacidades Físicas: Coordenação Motora, Velocidade, Agilidade, Equilíbrio, Resistência, Noções de força, Contração e relaxamento, Flexibilidade e Rolamentos. Desenvolvimento e ampliação das Habilidades Motoras: de Locomoção, de Manipulação e de Não Locomoção.

É também muito importante trabalhar com o uso de cartazes, fotos, filmes e painéis construídos coletivamente sobre as atividades realizadas, de modo a valorizar os conhecimentos de si e para si mesmo, e para a coletividade da escola.

B) ***Danças, atividades rítmicas e expressivas*** envolvem movimentos combinados em diferentes ritmos. Danças folclóricas e modernas (coreografias simples e criativas). Danças circulares (em círculo e de diferentes origens ou povos). Outras danças à escolha do grupo de professores e alunos.

C) ***Jogos: Jogos de Regras*** (regras mais complexas, com e sem material: em duplas, trios, quartetos, grupos, estafetas, por equipes, que envolvam a motricidade, o raciocínio, a agilidade, o saber participar, o ganhar e perder, a cooperação e a ética, assim como o fazer e compreender). *Grandes jogos:* que envolvam toda a turma, sem exclusão. *Jogos pré-desportivos* para o 4° e o 5° anos (9, 10 e 11 anos de idade), com adaptações de regras ou fundamentos. Recreação, organização de festas, exposições e gincanas.

Os três blocos de conteúdos da Educação Física Escolar: A) Conhecimento sobre o Corpo; B) Atividades rítmicas e expressivas; C) Jogos referem-se aos anos de escolarização e aos períodos de desenvolvimento e de interesse dos alunos, segundo sua faixa etária.

A seguir sugiro um ***Quadro de objetivos gerais e conteúdos,*** do 1° ao 5° anos do Ensino Fundamental, a serem desenvolvidos ao longo do ano escolar, com atividades em diferentes bimestres.

1º, 2º e 3º anos do Ensino Fundamental		
Objetivos Gerais	**Conhecimentos sobre o corpo**	**Atividades rítmicas & jogos**
Desenvolver o esquema corporal. Desenvolver habilidades motoras. Respeitar seu corpo e dos colegas. Demonstrar solidariedade e cooperação. Ampliar conhecimentos sobre o corpo.	Usos do esquema corporal: Habilidades motoras com movimentos globais e segmentares, com membros inferiores e superiores. Habilidades de locomoção: correr, andar, saltar, saltitar, galopar, rolar. Habilidades de manipulação: lançar, receber, rebater, chutar, quicar, apoiar-se em dois apoios, quatro apoios, em cadeiras de roda, com bengalas, com bastões. Não locomoção: equilibrar, flexionar, estender, girar, levantar, apoiar-se em bastões; bengalas e cadeiras de roda. Expressão corporal: imitação e mímica. Combinação de diferentes movimentos.	Habilidades motoras com ritmo. Jogos de imitação. Jogos de construção. Jogos simbólicos. Jogos da cultura popular. Jogos de regras. Brinquedos e rodas cantadas. Danças em roda, com imitação de movimentos. Danças folclóricas. Danças ou atividades rítmicas, com lenços ou fitas, adereços e com fundo musical.
Desenvolver a orientação espacial.	Usar a lateralidade. Diferentes trajetórias. Direção e localização.	Atividades rítmicas com linhas e direções, com o correr e saltitar, com e sem música. Ladainhas de pular corda.
Desenvolver a orientação temporal.	Uso de movimentos com velocidade. Curso regular, forte, fraco, rápido e devagar.	Jogos de regras. Grandes jogos.
Desenvolver a atenção, concentração e percepção. Desenvolver criatividade e a necessidade de regras.	Atividades que envolvam pares, duplas, trios, grupos, com percepção (tátil, visual, auditiva).	Atividades rítmicas em grupo ou em roda, com e sem música, com marcação de palmas, palavras ou sons. Jogos de percepção auditiva, visual e sinestésica.
Desenvolver as capacidades físicas de forma lúdica.	Trabalhar de forma lúdica com a força, a velocidade, a agilidade e a flexibilidade.	Jogos de regras. Grandes jogos.

4º e 5º anos do Ensino Fundamental		
Objetivos Gerais	**Conhecimentos sobre o corpo**	**Atividades rítmicas & jogos**
Ampliar as habilidades motoras de locomoção, manipulação e não locomoção.	Atividades que envolvam a contração e relaxamento, a força, a velocidade, a agilidade e o tempo de reação.	Jogos de regras. Jogos cooperativos. Grandes jogos. Jogos pré-desportivos.
Ampliar conhecimentos e controle do corpo e da coordenação motora. Desenvolver o gosto pela ginástica e pela dança.	Atividades que envolvam a Ginástica. Atividades que envolvam o Atletismo. Atividades com uso de colchonete, bancos suecos, plinto e trampolim.	Danças modernas, com coreografias criadas e com diferentes ritmos.

Essas atividades são relativas às habilidades do repertório motor, cognitivo, cultural e afetivo-social, assim como o desenvolvimento da linguagem e da comunicação oral, corporal, artística e à expressão do próprio pensamento, e podem ocorrer de forma lúdica e formativa. A partir delas se constituirá o planejamento bimestral ou mensal a ser realizado pelos professores, e para os quais fizemos algumas sugestões que poderão ser ampliadas pelo docente.

Sugiro, ainda, que os professores procurem ao final de cada aula ou atividade, avaliar se seus objetivos foram alcançados, se os materiais e regras estão adequados para cada faixa etária, assim como realizar uma autoavaliação oral com o grupo para verificar se realmente aconteceu o "*fazer e compreender*", se há necessidade de repetir as atividades e, ainda, se conseguiram fazer uma ligação entre o que foi previsto e aquelas atividades realizadas naquele dia ou em relação às de aulas anteriores, para que todos percebam se houve a continuidade do processo ensino-aprendizagem ou se há a necessidade de reformulação do plano de trabalho previsto no *Projeto Pedagógico da escola*.

Nesse intuito, relato sugestões de atividades já testadas com crianças ao longo de minha experiência, com os respectivos objetivos específicos, descrição e comentários. Assim, posiciono para o leitor, o quanto o componente curricular Educação Física pode colaborar com o desenho infantil e com a aprendizagem ao se inserir na Educação.

Sugestões de Atividades

A pluralidade cultural utiliza o resgate das Brincadeiras em Roda. Brincadeiras Cantadas e Brincadeiras de Roda que se referem à memória e à cultura do nosso povo e suas raízes históricas. É uma atividade específica das aulas de Educação Física, e na escola do Ensino Fundamental I podem ser trabalhadas no 1º e 2º anos, de forma interdisciplinar com Língua Portuguesa, pois as duas áreas as utilizam para desenvolver a oralidade, porém na Educação Física há uma prioridade para o desenvolvimento motor, cultural e cognitivo.

Atividade: Brincando com nomes

Formação: Alunos em roda em espaço delimitado pelo professor.

Material: Tiras de cartolina colorida.

Objetivos: **Desenvolver atenção, percepção e cooperação.**

Trabalhar com o nome e conhecimentos sobre o corpo ajudam os alunos a desenvolver a atenção e a construir sua identidade, assim como desenvolver a percepção e cooperação. Trata-se de uma atividade interdisciplinar, que usa a oralidade para descrever o corpo e associá-la à escrita do nome próprio.

Descrição: O professor organiza seus alunos em uma roda e coloca no centro uma caixa contendo tiras de cartolina com os nomes das crianças. Na sequência ele diz seu nome e sua cor predileta e pede que os alunos digam seu nome e uma cor predileta. A seguir identifica-se com o seu nome, sua altura, cor dos olhos e dos cabelos. Solicita então que todos observem o corpo dos colegas, seu tamanho, cor dos olhos e dos cabelos.

Então, ele orienta que permaneçam sentados e que uma das crianças observe e descreva um dos colegas, e juntos encontrem a tira de cartolina que contém o nome do escolhido, que fará o mesmo, e escolherá outro aluno. Se houver alguma dificuldade, o professor colaborará com as crianças para localizar o nome dos alunos.

Atividade: Toque seu amigo, segundo seu mestre mandar

Formação: Alunos sozinhos, longe um do outro, em espaço delimitado pelo professor.

Material: Folhas de papel ou cartolina colorida (três diferentes cores).

Objetivos: Desenvolver noções de espaço, tempo e esquema corporal.

Trabalhar a locomoção, as noções de espaço amplo, assim como o uso de partes do corpo ou esquema corporal é importante para as crianças pequenas, assim como faz parte dos jogos de construção de regras infantis.

Descrição: Alunos colocados em uma área demarcada pelo professor. O professor escolhe três alunos que receberão uma folha de papel, de diferentes cores cada um, para tocar o corpo dos colegas. Todos andam ou correm naquele espaço, enquanto os alunos com as folhas coloridas tentam se aproximar deles e tocar o corpo com a folha (na cabeça, ombro, joelhos, etc. segundo a ordem do professor). Se conseguirem, trocarão de papéis e de função. A atividade termina quando todos tiverem participado e trocado de lugar.

Atividade: Cantigas de Roda

Formação: Em roda.

Material: Com uso de som ou palmas.

Objetivos: Desenvolver motricidade e linguagem oral.

Brincar de roda é uma importante manifestação cultural. É um exercício que estimula os movimentos, trabalha o equilíbrio, desenvolve a linguagem oral e contribui para a iniciação musical das crianças. Além de desenvolver a motricidade.

Descrição: O professor faz um levantamento das cantigas de roda que os alunos conhecem. Solicita que eles permaneçam sentados em uma grande roda e procurem cantar as músicas. Cantam a música e marcam o ritmo com palmas. É possível também resgatar as brincadeiras do tempo dos pais e avós.

Atividade: Rítmica

Formação: Em roda.

Material: Uso de som e lenços ou tiras de papel crepom colorido.

Objetivos: Resgatar os jogos e músicas da Cultura Infantil.

A música à escolha do professor, do repertório infantil, cantada ou orquestrada.

Descrição: O professor organiza a roda para realizar a atividade e, inicialmente comenta que tem uma preferência por alguma cor. Verifica quais a são as preferências dos alunos e comenta que trouxe lenços ou tiras de papel crepom colorido e deixa que escolham entre aquelas que ele preparou.

A seguir apresenta a música que deverá ser acompanhada com movimentos do corpo e dos braços, balançando para um lado e para o outro, rodando e voltando ao lugar, abrindo e fechando a roda.

Introduz outros movimentos que envolvem girar a roda para um lado e outro, tornar a abrir e fechar, e faz uso da criatividade ao propor que os alunos inventem novos movimentos. Ele deixa que os alunos demonstrem e escolham aqueles que farão parte da sequência ou coreografia anteriormente preparada. Organiza então a repetição de movimentos que irão compor a coreografia criada por ele e pelos alunos.

Em geral, no círculo, as crianças estão atentas ao professor, se comunicam e participam socialmente com diferentes colegas, e aprendem sobre as regras, sobre a troca de papéis, sobre a cooperação com aqueles que possuem deficiências e dificuldades em sua motricidade ou oralidade, desenvolvendo os aspectos cognitivos, motores, afetivo-sociais, assim como a ética e a cidadania.

Desse modo as "Cantigas de roda" podem ser resgatadas ao início do ano letivo, principalmente com as crianças de 6 anos de idade, que frequentam o 1º ano; elas auxiliam o desenvolvimento da oralidade e da motricidade, pois enquanto cantam os alunos se movimentam e percebem o uso de partes do corpo.

Atividade: Cantiga de Roda

Formação: Em roda.

Material: Com uso de som ou palmas.

Objetivos: Resgatar os jogos e músicas tradicionais da Cultura Infantil.

Descrição: O professor escolhe jogos ou brincadeiras da cultura infantil, coloca o som e executa movimentos variados com as crianças, que envolvem o bater palmas, girar, rodar, formar várias rodas, e ao final uma única roda em que as crianças poderão demonstrar os movimentos aprendidos ou criar outros.

Atividade: Movimento e cor

Formação: Em roda.

Material: Uso de tiras coloridas de papel crepom.

Objetivos: Desenvolver locomoção manipulação e criatividade.

Trabalhar o resgate dos jogos e músicas tradicionais da Cultura Infantil, a imitação, a oralidade, a atenção, a locomoção e manipulação, assim como a criatividade dos alunos.

Descrição: A mão direita e a mão esquerda (jogral com mudanças de cor)

A mão direita... tem uma roseira,
Tem uma roseira!
Colorida... Colorida!
Que dá flor o ano inteiro!
Que dá flor o ano inteiro!
A mão esquerda tem uma roseira,
Tem uma roseira!
Que só dá flor na primavera!
Só, na primavera! E ela é toda amarela! (cada criança irá repetir a cor amarela e mais uma... vermelha, azul, branca, roxa, etc.)

Descrição: Os alunos estão organizados em roda, imitam os movimentos de braços e mãos, direita e esquerda, propostos pelo professor ao mesmo tempo em que, como no jogral, repetem a letra da cantiga. Param e o professor escolhe um aluno que dirá uma nova cor. Este escolherá o próximo. Repete-se a atividade até que haja motivação ou que todos tenham sido escolhidos.

Desse modo, por meio do resgate cultural, das atividades lúdicas ou recreativas, as crianças desenvolvem a motricidade, constroem conhecimentos, se expressam oralmente, brincam e ampliam suas habilidades sociais em atividades em duplas, trios, grupo e em círculo.

É importante considerar as características de cada fase da vida. Se o repertório motor, da linguagem e do pensamento são de fundamental importância, com o passar do tempo surgem outras prioridades, como: adquirir competências sociais, testar seus próprios limites e construir autoconfiança através de experiências bem-sucedidas.

Isto também pode ser facilitado pela atividade física orientada de forma lúdica e dos jogos que envolvem o Esquema Corporal, e que também podem de forma interdisciplinar ser trabalhada em Ciências, enquanto que as Habilidades Motoras de Locomoção serão trabalhadas especificamente pela Educação Física.

Atividade: Imitando o gorila

Formação: Em colunas.

Material: Aros ou bambolês.

Objetivos: Desenvolver jogos simbólicos com habilidades motoras.

É muito importante, ainda neste bimestre, trabalhar de forma simbólica e ao imitar movimentos de animais usar o "faz de conta" para desenvolver as habilidades motoras de andar, correr e saltitar.

Descrição: Os alunos estão espalhados pela quadra e o professor os organiza em quatro colunas. Ao seu sinal, se deslocam para andar e correr com elevação dos joelhos, para imitar os passos de um gorila. Em seguida o professor coloca três ou quatro aros, no solo, na direção de cada uma das colunas. Os alunos percorrem o espaço, saltitando e imitando os passos do gorila e retornam a seu lugar na coluna. A atividade termina quando a motivação diminuir.

Atividade: Por dentro e por fora

Formação: Em círculo.

Material: Aros ou bambolês.

Objetivos: Desenvolver noções de tempo e espaço.

As noções de tempo e espaço são elaboradas através da prática da atividade motora, com uso de materiais, nos quais a criança exercita suas habilidades e cria outros movimentos.

Descrição: Os alunos são organizados em três grandes círculos. Em cada círculo as crianças alternam-se, um segurando o aro na vertical e apoiado no solo, enquanto o outro está sem material. Ao sinal do professor aqueles que estão sem o material irão se deslocar, abaixando-se e passando por dentro dos aros, e assim por diante até percorrer o espaço do círculo, quando trocarão de lugar com seus parceiros, que farão o percurso.

O professor pode sugerir a troca de círculo para os que estão sem o material, e assim todos terão contato com seus colegas. Pode, ainda, pedir que os alunos inventem outras formas de passar pelos aros.

Atividade: Jogo das caixas e bolas

Formação: Em três colunas.

Material: Caixas de papelão e bolas de borracha.

Objetivos: Desenvolver coordenação óculo-manual e locomoção.

O professor utilizará materiais alternativos, em um misto com o uso de bolas de borracha, para realizar atividades com estafetas (colunas) e motivar os alunos para a atividade de locomover-se e quicar a bola com uma das mãos, ao mesmo tempo em que desenvolvem a atenção e a coordenação óculo-manual.

Descrição: O professor organiza os alunos em três colunas e entrega uma bola para o primeiro de cada turma. Dispõe várias caixas de papelão (três ou quatro) em frente a cada coluna, com espaço entre elas. Ao sinal do professor, as crianças se deslocarão quicando a bola com uma das mãos para contornar as caixas, e voltar a seu lugar para entregá-la ao primeiro da coluna, e assim por diante até que todos tenham participado.

O professor poderá optar em finalizar a tarefa quando diminuir a motivação. Para transformá-la em um jogo, todos devem participar e cumprir a atividade no tempo determinado para ser a equipe vencedora.

Atividade: Corrida dos jornais

Formação: Em quatro colunas.

Material: Jornais descartados e usados como material alternativo.

Objetivos: Percepção do corpo e uso do esquema corporal.

Os alunos utilizarão o material alternativo para perceber seu próprio corpo ou esquema corporal, e se deslocar de um ponto a outro.

Descrição: Os alunos serão organizados em quatro colunas, tendo à frente de cada coluna folhas de jornal colocadas no solo. O professor faz uma marca de chegada a aproximadamente 3 metros de distância. Ao sinal, as crianças deverão se deslocar abaixados (dois apoios) e colocar um dos pés apoiados em cada folha de jornal. Para mudar o passo deverão trocar a folha de jornal de lugar e dar um novo passo até a linha de chegada. Então, recolherão os jornais e correrão para entregar ao primeiro da coluna, que repetirá a atividade.

O professor poderá optar por finalizar a tarefa quando a motivação diminuir ou transformar a atividade em um jogo com vencedor, desde que todos da coluna tenham cumprido a tarefa e voltado aos seus lugares.

Atividade: Jogo do auxílio ao companheiro

Formação: Alunos colocados individualmente no espaço disponível.

Material: À mão livre ou sem material.

Objetivos: Desenvolver solidariedade e cooperação.

Cooperar é tão importante que consiste em tema para várias aulas, em atividades com diferentes ritmos, com e sem materiais.

Descrição: Os alunos serão colocados individualmente pelo espaço e o professor escolherá um pegador que, ao seu sinal, tentará pegar os colegas. Para não serem pegos, eles deverão dar a mão para um companheiro e depois desmanchar a dupla. Aquele que for tocado se transformará em pegador. A atividade termina quando a motivação diminuir.

A pluralidade cultural utiliza o resgate das Brincadeiras Cantadas, de Roda e os Jogos da Cultura Popular, que se referem à memória e à cultura do nosso povo e suas raízes históricas. É uma atividade específica das aulas de Educação Física, e na escola do Ensino Fundamental I podem ser trabalhadas no 2º ano, de forma interdisciplinar com Língua Portuguesa, pois nas duas áreas desenvolvem a oralidade, porém na Educação Física há uma prioridade para o desenvolvimento motor, cultural e cognitivo.

Atividade: As borboletas

Formação: Em círculo.

Material: À mão livre.

Objetivos: Desenvolver coordenação global e seletiva.

Na faixa etária dos 6-7 anos de idade, os movimentos corporais que envolvem a coordenação óculo-manual e a coordenação motora global devem ser exercitados, assim como a atenção à sequência de movimentos e à oralidade, que se organizam como jogo simbólico, pois também auxiliam na alfabetização.

Descrição: O professor organiza os alunos em um grande círculo e propõe movimentos que envolvem olhos, braços e mãos, assim como o girar para a direita e para a esquerda, de braços abertos e imitando as borboletas.

— *Eufrida, Eufrida é uma borboleta azul.*
— *Eufrida, Eufrida é uma borboleta azul.*
— *Ela é azul e voa assim... assim... assim!*
— *Aurora, Aurora é uma borboleta amarela.*
— *Aurora, Aurora é uma borboleta amarela.*
— *Ela é amarela e voa assim... assim... assim!*
— *Mexendo as anteninhas e piscando para mim!*
— *Mas eu a amo e gosto dela mesmo assim... assim... assim!*
— *Mexendo as anteninhas e piscando para mim!*

Obs.: Os alunos podem trocar as cores e inventar novas borboletas.

Atividade: Passeio ao Zoológico

Formação: Em círculo.

Material: À mão livre ou sem material.

Objetivos: Desenvolver motricidade e percepção visual e auditiva.

Trabalhar com a motricidade e a coordenação motora global, com movimentos de imitação de diferentes animais, com a sequência oral que amplia a participação, desinibe as crianças e amplia sua criatividade.

Descrição: O professor organiza os alunos em círculo, demonstra os movimentos correspondentes a cada animal a ser imitado ou criado pelos alunos.

— *Fui passear no zoológico e lá encontrei vários animais.*
— *Lá vem o crocodilo! [braços estendidos, duas mãos unidas, abrir e fechar]*
— *O orangotango! [mãos fechadas, bater no peito e imitar o animal]*
— *As duas serpentinhas [...]*
— *A águia real! [...]*
— *O gato! [...]*
— *O rato! [...]*
— *Não faltou ninguém!*
— *Só não se via... o cão pequinês!* [abaixar para mostrar o tamanho do animal]

Atividade: Corrida de um pé só

Formação: Em quatro colunas.

Material: Uma bola e um bambolê.

Objetivos: Exercitar as habilidades motoras de locomoção e manipulação, assim como a atenção.

Descrição: O professor organiza a turma em quatro colunas e coloca uma linha de chegada, a aproximadamente três ou quatro metros, à frente de cada coluna.

Ao sinal do professor, os alunos deverão saltitar com apoio de um dos pés até onde estão o bambolê a e a bola, a qual lançarão ao alto e, assim que recuperá-la a colocarão no mesmo lugar. A seguir, correrão de volta, com apoio do outro pé. O professor determinará vencedora a equipe em que todos tenham participado, compreendido e cumprido as regras, e estiver de volta ao seu lugar, onde deverão estar sentados, na coluna ou equipe da qual são participantes.

Atividade: Que horas são?

Formação: Em roda.

Material: Uso do corpo e do som da voz.

Objetivos: Resgatar as brincadeiras da Cultura Popular.

O brincar de roda é uma importante manifestação cultural. É um exercício que estimula os movimentos, trabalha o equilíbrio, desenvolve a linguagem oral e contribui para a iniciação musical das crianças.

Descrição: Forma-se uma roda com uma criança no centro: o "rato"; e outra criança fora: o "gato". Começam a rodar e se estabelece o diálogo entre o gato e a roda:

Gato: Seu ratinho está?
Roda: Foi fazer compras.
Gato: Que horas ele volta?
Roda: As cinco. [exemplo]
Gato: Que horas são?
Roda: Uma hora. [Todos respondem]
Gato: Que horas são?
Roda: Duas horas. [e assim por diante até o horário determinado]

O gato tenta pegar o rato, que é protegido pelas crianças da roda. A brincadeira terminada após várias trocas do gato e rato. O professor pode também colocar dois gatos e dois ratos ao mesmo tempo, o que exige maior participação e atenção.

Atividade: Lobo e cabritinho

Formação: Em duas fileiras de mãos dadas.

Material: Uso do corpo e do som da voz das crianças.

Objetivos: Resgatar jogos da cultura popular e jogos simbólicos.

Resgatar as brincadeiras infantis sob o formato de jogo simbólico é interessante e importante para trabalhar com a representação corporal, a oralidade, as noções de ritmo, de tempo e de espaço, e com uso do andar e correr.

Descrição: O professor orienta sobre a atividade e informa que irão representar animais: uma turma será a dos cabritinhos e a outra representará os lobos. Então ele organiza as crianças em duas fileiras de mãos dadas, uma atrás da outra, com certa distância para que possam se locomover. Eles deverão se movimentar ao mesmo tempo que os lobos chamam: "Cabritinhos", e eles respondem: "Meé..."

Cada passo grande e lento corresponderá à fala e resposta dos lobos e dos cabritinhos.

Se os passos forem rápidos os cabritinhos devem responder rápido.

— *Cabritinho?*
— *Meé... meé...*
— *Vou te pegar!* [nesse momento todos correm e se os lobos pegarem os cabritinhos, esses se transformaram em lobos também].

O professor poderá trocar as equipes em seus papéis; aqueles que foram lobos passam a ser cabritinhos e vice-versa. A atividade é de pega-pega, mas termina quando a motivação diminuir ou quando todos trocarem de papéis.

Atividade: O macaco na roda

Formação: Em roda.

Material: Uso do corpo das crianças.

Objetivos: Desenvolver criatividade, motricidade e oralidade.

Brincar em roda ou de roda envolve o resgate da cultura popular e a criatividade dos alunos.

Descrição: O professor forma uma roda composta por pares, de mãos dadas, que giram ao redor da roda enquanto uma criança está parada no centro, e fazendo o papel do macaco na roda. Ao girar as crianças cantam:

— *Olha o macaco na roda!*
— *Olha o macaco na roda!*
— *E ele quer rodar!*
— *E ele quer rodar!*
— *Ele rodou!*

Nesse momento todos soltam as mãos e trocam de par, enquanto o do centro da roda busca um par. Aquele que ficar sozinho será o novo "macaco na roda", e assim por diante até que todos tenham participado ou trocado várias vezes de lugar e de parceiro.

Atividade: O gato adormecido

Formação: Cada criança dentro de um círculo ou bambolê, distantes dos demais. Uma ou duas crianças fora do círculo.

Material: Giz ou bambolês.

Objetivos: Desenvolver os conhecimentos sobre o espaço e o lúdico.

Através do jogo podemos apenas recrear ou utilizar conceitos como: longe, perto, dentro e fora, mais devagar, mais depressa, etc.

Descrição: As crianças estarão dentro dos seus círculos, enquanto uma ou duas crianças farão o papel do gato adormecido. Ao sinal do professor, as crianças deverão sair devagar de seus círculos e tentar acordar os "gatos", que correrão para ocupar um círculo. As crianças que ficarem de fora serão então os novos "gatos". A atividade termina quando todos ou um grande número de crianças houver trocado de papéis trocado.

Desse modo, através do resgate cultural, das atividades lúdicas ou recreativas, as crianças desenvolvem a motricidade, constroem conhecimentos, se expressam oralmente, brincam e ampliam suas habilidades sociais em atividades em duplas, trios, grupos e em círculo.

É importante considerar as características de cada fase da vida. Se o repertório motor, da linguagem e do pensamento são de fundamental importância, com o passar do tempo surgem outras prioridades como adquirir competências sociais, testar seus próprios limites e construir autoconfiança através de experiências bem-sucedidas.

Isto pode ser facilitado pela atividade física orientada de forma lúdica e dos jogos que envolvem o Esquema Corporal, que também podem de forma interdisciplinar, ser trabalhada por Ciências, enquanto as Habilidades Motoras de Locomoção serão trabalhadas especificamente pela Educação Física.

Atividade: Disco Voador

Formação: Em trios, distantes uns dos outros. Uma criança dentro do aro ou bambolê, que é seguro pelas outras duas.

Material: Bambolês.

Objetivos: Desenvolver noções de tempo e de espaço, assim como de cooperação em trios, com troca de papéis.

Descrição: Os trios irão se movimentar, em diferentes trajetórias. Ao sinal do professor, as crianças que estiverem dentro dos aros sairão por baixo e ocuparão outros aros ou bambolês. Depois o professor poderá efetuar a troca daqueles que seguram o aro com aqueles que estão no centro, de modo que todos possam participar. A atividade termina quando todos mudarem de lugar e a motivação houver diminuído.

Atividade: Encontrar o Par

Formação: Em duas fileiras ou colunas, aos pares.

Material: À mão livre

Objetivos: Desenvolver atenção e sociabilidade.

Descrição: Separar os alunos em duas fileiras, frente a frente, formando pares e de mãos dadas. Após olhar bem para o companheiro, ao sinal do professor, uma das fileiras afasta-se uns quatro metros da outra e vira-se de costas. Na fileira que permaneceu no lugar, as crianças mudam de posição. O professor dá um sinal e a fileira que estava de costas vira-se e cada criança deverá correr e encontrar o seu par, dando-lhe as mãos. Inverter os papéis.

Atividade: Coelhinho Moderno

Formação: Um grande círculo com trios (dois em pé e um agachado).

Material: À mão livre ou sem material.

Objetivos: Desenvolver atenção, concentração e cooperação.

Para esta atividade as crianças se aproximam e formam trios, aprendem a participar, colaborar e desenvolver sua atenção, concentração e espírito de cooperação.

Descrição: O professor organiza a turma em um grande círculo, formado por trios. Dois estarão em pé, de mãos dadas ao alto formando a toca, e o terceiro estará agachado, com as duas mãos colocadas próximo à cabeça, como se fossem orelhas de coelho. Uma criança ou duas estarão no centro da roda.

O professor dirá: "Atenção coelhos, troquem de toca!"

Os que estão imitando o coelho se deslocarão e tentarão uma mudança para outra toca, enquanto os que estão no centro se deslocam também para fazer a troca. Os que ficarem sem toca serão os novos coelhos no centro da roda.

O professor solicita aos que estão fazendo o papel de coelho que troquem de lugar com os que fazem a toca. Então dará uma nova informação, pois as tocas também poderão se mover. Logo, tanto os coelhinhos quanto as tocas se deslocam, até que um novo coelho tenha entrado nelas, quando deverão parar.

E assim por diante até que todos tenham trocado de papéis para encerrar a brincadeira.

Atividade: Rabinho colorido

Formação: Em equipes com trios.

Material: Tiras de tecido ou papel crepom colorido.

Objetivos: Desenvolver agilidade e cooperação.

É importante recrear e ao mesmo tempo desenvolver a agilidade e o tempo de reação das crianças, assim como permitir a cooperação.

Descrição: Alunos separados em trios espalhados em uma área previamente demarcada pelo professor. Cada equipe receberá os rabinhos feitos de pano ou papel crepom de diferentes cores. Os alunos prenderão as tiras nas costas, na altura da cintura.

Ao sinal do professor, cada equipe tentará tirar o rabinho dos colegas e proteger para que o seu não seja pego, mas o aluno que estiver com o rabinho poderá passá-lo a outro colega do trio, o que exigirá maior observação, agilidade e cooperação das crianças. Ao final vence o grupo que tiver o maior número de rabinhos.

Atividade: Toque do Pegador

Formação: Alunos sozinhos, longe um do outro em espaço delimitado pelo professor.

Material: À mão livre ou sem material.

Objetivos: Desenvolver noção de espaço, concentração e cooperação.

Trabalhar a locomoção, as noções de espaço amplo, assim como o uso de partes do corpo ou esquema corporal é importante para as crianças pequenas, assim como faz parte dos jogos de construção de regras infantis.

Descrição: Alunos colocados em uma área previamente demarcada pelo professor. O professor escolhe um pegador, todos correm naquele espaço e, quando um aluno for tocado pelo pegador, deverá dar a mão ao mesmo e se transformar em pegador. O professor dirá ao pegador o local que deverá tocar o aluno (tocar a mão direita, a mão esquerda, as costas, etc.).

No decorrer das aulas de Educação Física, o trabalho em equipes pode se iniciar, com os jogos organizados em *colunas ou estafetas*, nos quais aparece a motricidade, trata-se das atividades básicas dos Movimentos Fundamentais, com a ampliação das Habilidades Motoras de Locomoção e Manipulação, e os Conhecimentos sobre o corpo, que podem contar com o uso de bolas ou fitas, assim como de artefatos, adereços ou enfeites.

Isso depende da criatividade do professor, mas, essencialmente permite o desenvolvimento da atenção, percepção visual e tátil, assim como melhora a participação e a criatividade dos alunos. Nesse sentido sugiro várias atividades.

Atividade: Troque de lugar com seus parceiros

Formação: Em quatro colunas.

Material: Com uso de quatro bambolês, giz para traçar a linha de chegada e saída.

Objetivos: Desenvolver habilidades motoras de locomoção e manipulação e cooperação.

É muito importante desenvolver a combinação de movimento de Locomoção como o andar e o correr e trabalhar o espírito de equipe.

Descrição: O professor forma as quatro colunas com o mesmo número de alunos, para as quais dá um nome ou uma cor. Solicita que o primeiro aluno à frente de cada coluna transporte o bambolê até um lugar determinado e o deixe lá.

Traça uma linha de saída, junto às colunas e uma de chegada aproximadamente seis a sete metros de distância das colunas onde serão colocados os bambolês.

Ao sinal do professor, os primeiros alunos de cada coluna se locomoverão andando rapidamente e transportando os bambolês e, os deixando no local determinado, retornando à sua coluna. O segundo correrá e irá buscar o material, e assim por diante, até que todos tenham ido.

Vencerá a equipe em que todos tenham cumprido o percurso, e que o primeiro esteja de volta em seu lugar.

Atividade: Troque de lugar se equilibrando sobre a corda.

Formação: Em quatro colunas.

Material: Quatro cordas ou barbantes bem longos.

Objetivos: Desenvolver habilidades de locomoção, equilíbrio e cooperação.

É muito importante desenvolver a combinação de movimento de locomoção como o andar e equilibrar. Trabalhar o espírito de equipe.

Descrição: O professor forma as quatro colunas com o mesmo número de alunos, para as quais dá o nome de uma cidade. Solicita que o primeiro aluno à frente de cada coluna caminhe sobre a corda, e se equilibre, voltando ao seu lugar, para trocar de lugar com o segundo da coluna.

A equipe poderá participar inicialmente apenas andando, sem a preocupação de quem chegará primeiro e, quando o professor observar que todos compreenderam e conseguem executar a tarefa, poderá colocar a atividade como um jogo, que vencerá a equipe em que todos forem e o primeiro estiver de novo em seu lugar.

- Caminhar sobre uma corda (colocar uma corda na frente de cada coluna).
- Voltar saltitando de um lado e de outro da corda.

Professor, os **conhecimentos sobre o corpo** são específicos das aulas de Educação Física, na qual os alunos se movimentam e reconhecem o seu próprio corpo e até podem fazer uso do desenho para reconhcer partes do seu corpo e de seus colega, assim como sua postura. Esses conhecimentos constituem um Bloco de Conteúdos, de acordo com os PCNs de Educação Física no Ensino Fundamental (1998). São atividades que também podem ser realizadas de forma interdisciplinar com a área de Ciências

---

Atividade: Esquema corporal e Desenho do corpo

Formação: Uso de um espaço determinado, no solo ou sobre papel pardo.

Material: Giz branco e colorido e folhas de papel pardo.

Objetivo: Conhecer o desenho de seu próprio corpo e seu esquema corporal, que também se relaciona com a construção da identidade.

Descrição: Alunos organizados em duplas. Um aluno deita no chão e seu colega desenha o seu contorno de seu corpo e vice-versa. Depois cada aluno completa o desenho de seu corpo: os olhos, boca, nariz, cabelo, as roupas, etc. Após completar o desenho, o professor pode ajudar a escrever seu nome próximo do mesmo. Ao comando do professor os alunos se movimentam em torno dos desenhos e colocam roupas, sapatos e objetos como relógio, pulseira, anel, chapéu, etc.

Em geral, no círculo as crianças estão atentas ao professor, se comunicam e participam socialmente com diferentes colegas, e aprendem sobre as regras, sobre a troca de papéis, sobre a cooperação com aqueles que possuem deficiências ou dificuldades em sua motricidade, ou sua oralidade, e desenvolvem os aspectos cognitivos, motores, afetivo-sociais, assim como a ética e a cidadania.

Desse modo as "Cantigas de roda" podem ser resgatadas ao início do ano letivo, principalmente com as crianças de 6 anos de idade, que frequentam o 1° ano, elas auxiliam o desenvolvimento da oralidade e da motricidade, pois enquanto cantam os alunos se movimentam e percebem o uso de partes do corpo.

Trata-se de atividades lúdicas ou recreativas em que as crianças se expressam oralmente, brincam em duplas, trios, grupos, e em círculo, e nas quais se envolve o Esquema Corporal e a postura. De forma interdisciplinar também cabe o trabalho com a Língua Portuguesa e com Ciências, enquanto que as Habilidades Motoras de Locomoção serão trabalhadas especificamente pela Educação Física.

Atividade: Pega-Pega corrente

Formação: Alunos sozinhos, longe um do outro em espaço delimitado pelo professor.

Material: À mão livre ou sem material.

Objetivos: Trabalhar a locomoção, as noções de espaço amplo, assim como o uso de partes do corpo ou esquema corporal é importante para as crianças pequenas, assim como faz parte dos jogos de construção de regras infantis.

Descrição: Alunos dispostos em uma área previamente demarcada pelo professor. O professor escolhe um pegador, todos correm naquele espaço e, quando um aluno for tocado pelo pegador, deverá dar a mão ao mesmo e se transformar em pegador. O professor dirá ao pegador o local que deverá tocar o aluno (tocar a mão direita, a mão esquerda, as costas, etc.).

> Professor: cada vez que a corrente atingir quatro alunos, eles deverão se separar em duplas.

No decorrer das aulas de Educação Física, o trabalho em equipes pode se iniciar com os jogos organizados em *colunas ou estafetas*, nos quais aparece a motricidade ou as atividades básicas dos Movimentos Fundamentais, com a ampliação das Habilidades Motoras de Locomoção e Manipulação, e os Conhecimentos sobre o corpo. Essas atividades podem ser valorizadas com o uso de bolas ou fitas, assim como de artefatos, adereços ou enfeites. Isso depende da criatividade do professor, mas, essencialmente permite o desenvolvimento da atenção, percepção visual e tátil, assim como melhora a participação e a criatividade dos alunos. Nesse sentido sugiro várias atividades.

Professor, os "conhecimentos sobre o corpo" são específicos das aulas de Educação Física na qual os alunos se movimentam e reconhecem o seu próprio corpo e até podem fazer o uso do desenho para reconhecer partes do seu corpo e de seus colegas, assim como sua postura. Esses conhecimentos constituem um Bloco de Conteúdos, de acordo com os PCNs, de Educação Física no Ensino Fundamental (1998). São atividades que também podem ser realizadas de forma interdisciplinar com a área de Ciências, a partir da evocação e memória das atividades práticas em que participaram.

Atividade: Jogo da Memória - Percepção e Cognição

Formação: Em roda.

Material: Papel sulfite branco ou papel cartão colorido, giz de cera colorido.

Objetivos: Conhecer o próprio corpo. Respeitar o próprio corpo e dos colegas.

Descrição: Essa atividade poderá ser efetuada em dia de chuva, inicialmente em sala de aula, quando os alunos farão o desenho da imagem de seu rosto, em folhas ou cartões coloridos

No pátio ou sala, o professor organiza pequenos grupos (6 a 8 alunos). As crianças sentadas em círculos com seus desenhos irão colocá-los com as fotos viradas para baixo. Cada aluno escolhe dois cartões virando a foto para cima e, se escolher as mesmas fotos terá direito a mais uma jogada. Vencerá o jogador que tiver mais cartões (Obs.: os cartões devem ser colocados sempre no mesmo lugar).

As aulas de Educação Física constituem-se em momentos privilegiados para o desenvolvimento da Ética e das Regras de Convivência. Nelas, os alunos adquirem o controle do uso do corpo, o respeito por si mesmo e pelos outros. Tudo depende dos objetivos traçados pelo professor. Sugiro que essas atividades possam se desenvolver através de Aulas Historiadas, em que o professor inicialmente propõe uma sequência, na qual os alunos percebam seu corpo, sua contração e o relaxamento, assim como sua atenção e cooperação.

Atividade: Corpo - Movimento e Espaço

Formação: Alunos colocados individualmente pelo espaço da quadra ou pátio.

Material: À mão livre ou sem material.

Objetivos: **Combinar movimentos. Desenvolver a coordenação motora global.**

Combinações de movimento envolvem a cognição, a velocidade a atenção, a coordenação motora global e o corpo em movimento.

Descrição: Caminhando pelo espaço e ao sinal do professor, andar na ponta dos pés e voltar correndo; dar quatro passos e um salto elevando os braços; caminhar de costas e voltar de frente; caminhar de lado: ida para o lado esquerdo e volta pelo direito.

O professor e os alunos podem criar outras combinações de movimentos.

Atividade: Corda e bola combinadas

Formação: O professor e um aluno com uma corda grande, e as outras crianças farão três colunas.

Material: Uma corda grande e três bolas de borracha.

Objetivos: Desenvolver agilidade, velocidade e tempo e reação.

Descrição: Alunos caminhando sobre a corda de frente, de costas e de lado (esquerdo e direito). Professor e um aluno auxiliar balançam a corda para as laterais e os alunos em colunas saltam a corda, um de cada coluna, e das três ao mesmo tempo. Gradualmente o professor e seu auxiliar vão levantando a corda.

Alunos passam por baixo da corda, sem encostar-se nela, e gradualmente o professor e seu auxiliar vão abaixando-a. A seguir o professor coloca a corda alta do solo, aproximadamente 30 a 40 centímetros de altura, e introduz o uso de uma bola com a qual o aluno deverá saltar sobre a altura da corda, sem deixá-la cair e devolver para outro colega.

Resgatar brincadeiras da cultura popular, com o uso da corda, também pode ser prazeroso, mas o professor poderá introduzir e desenvolver as habilidades motoras de locomoção e a coordenação motora e força dos membros inferiores, acompanhados de saltos em altura e ao mesmo tempo criar variações e explorar a criatividade.

Atividade: Cooperação e atenção

Formação: Em círculo.

Material: uma bola de borracha.

Objetivos: Desenvolver coordenação motora seletiva e atenção.

Trabalhar com a coordenação óculo-manual e óculo-pedal, com as habilidades de manipulação, lançar e receber e conduzir a bola, através de um jogo cooperativo, é interessante e necessita da percepção e atenção.

Descrição: Os alunos se organizam em grande círculo. Um dos alunos corre em volta do círculo e retorna ao seu lugar, ao chegar lança a bola para um colega e este lança para outro e assim sucessivamente. O próximo aluno conduz a bola com os pés para um colega e retorna para o seu lugar. Quem recebeu a bola deve continuar uma vez com os pés e na próxima com as mãos, de forma alternada envolvendo a atenção e a percepção dos movimentos e a sequência. A atividade termina quando todos tiverem participado e a motivação diminuir.

A diversidade de movimentos, assim como a diversidade cultural transformam a Educação Física em uma atividade altamente Inclusiva, na qual os alunos aprendem a incluir e a cooperar com seus parceiros, assim como a apoiar e auxiliar aqueles colegas que têm algum tipo de deficiência ou precisam de apoio para se locomover, se comunicar e até da ajuda de parceiros durante as atividades. Cabe ao professor no decorrer de suas intervenções também promover a inclusão de todos os alunos, para tanto sugiro várias atividades.

Atividade: Jogo do Espelho (percepção corporal)

Formação: Em duplas.

Material: À mão livre.

Objetivos: **Desenvolver a percepção corporal. Ampliar a cooperação.**

É importante que as crianças desenvolvam a percepção corporal e aprendam a cooperar com os colegas e ao mesmo tempo desenvolvam a atenção e a criatividade através da combinação de movimentos em duplas.

Descrição: Os alunos se colocam frente a frente, em duplas, e ao sinal do professor, um deles executará alguns movimentos, imitando o professor e seu parceiro; depois, cada um terá a liberdade em executar diferentes movimentos, por exemplo, com as duas mãos, com os dois braços e uma das pernas. Estes movimentos serão imitados pelos parceiros, como se estivessem em frente a um espelho.

Na sequência, o professor pede para inverter aquele que fará o movimento, dando oportunidade para a troca de papéis e para que as crianças criem novas combinações de movimentos. Então, ele passa a observar as combinações que irão aparecer e, em certo momento, poderá, ainda, solicitar que todos imitem com mais atenção o espelho executado por uma ou mais de uma dupla, incentivando a criatividade de todos. Por se tratar de um jogo cooperativo, cabe ao professor apenas verificar se a motivação da atividade diminuiu para mudar para outra.

Atividade: Corrida em parceria

Formação: Em três colunas compostas por duplas.

Material: Três cones ou três bambolês.

Objetivos: Desenvolver ou ampliar Habilidades Motoras. Ampliar a cooperação.

É importante desenvolver as habilidades de locomoção: andar ou correr, percebendo a variação de velocidade, assim como as parcerias, a cooperação, e o apoio aos colegas que apresentam maior dificuldade na execução da tarefa.

Descrição: O professor organiza as três colunas formadas por duplas, de mãos dadas, e coloca a aproximadamente quatro ou cinco metros de distância de cada coluna, um cone ou um bambolê. Ao sinal do professor a primeira dupla de cada coluna, correrá até o cone, o contornará e voltará para sua coluna, colocando-se ao final da mesma. Na sequência, a próxima dupla sai para fazer o percurso, e assim por diante até que todos tenham ido. O professor verificará que todos tenham completado a atividade, e considerará vencedora a equipe em que todos tenham participado, cumprindo as regras, sem soltar as mãos e cooperado com o parceiro.

Atividade: O jogo dos números

Formação: Em duas fileiras, sentados frente a frente.

Material: Duas bolas de borracha médias ou grandes.

Objetivos: Desenvolver a atenção e percepção de tempo e espaço. Desenvolver cognição, agilidade e tempo de reação.

Descrição: O professor coloca a turma dividida em duas equipes, com os alunos sentados em duas fileiras de frente uma para a outra, distantes cerca de quatro ou cinco metros e numerados. Duas bolas serão colocadas no centro do espaço entre as duas fileiras.

O professor chama aleatoriamente números (exemplo: nove). Os alunos de cada fileira, que representam esse número devem correr e se deslocar até a bola, arremessá-la ao alto, recuperá-la e colocá-la de novo no solo. Após, devem voltar ao seu lugar, enquanto o professor chama outro número e outra dupla de se desloca. O jogo termina quando todos tiverem participado. Assim o professor pode observar a participação, a atenção, a agilidade e o tempo de reação de cada aluno.

Atividade: Combinações do correr e saltar

Formação: Em duas colunas compostas por trios.

Material: Cordas longas ou elásticas.

Objetivos: Perceber o corpo ao saltar e saltitar. Respeitar as regras.

A formação de grupos é muito importante e a ajuda mútua permitirá desenvolver as habilidades motoras de correr e saltar, assim como cooperar e incluir todos os alunos na atividade.

Descrição: O professor organiza duas colunas formadas por trios, assim como coloca uma corda longa ou elástico estendido, e seguro por dois participantes, a aproximadamente quatro ou cinco metros de distância das colunas e cerca de 0,80 m de altura do solo.

Ao sinal do professor, o trio se desloca e, de mãos dadas cooperando uns com os outros, corre até se aproximar da corda, quando todos irão saltitar, tentando alcançar e tocar com seus joelhos a altura da corda. Em seguida voltarão e se colocarão ao final de sua coluna. Então, outro trio sairá para executar a tarefa. A atividade termina quando todos tiverem participa, cumprindo as regras e cooperando com seus colegas.

O professor poderá decidir se a atividade será efetuada como "jogo cooperativo" ou se contará pontos, com equipe vencedora, no estilo "jogo de regras".

Ao se perceber em ação, os alunos ampliam suas habilidades motoras assim como as *habilidades intelectuais* e as suas *habilidades afetivo-sociais*. Ao mesmo tempo em que compreendem sua própria motricidade, seu próprio corpo, eles demonstram maior interesse em participar de jogos em grupo, pois os parceiros lhe permitem desenvolver ainda mais a compreensão das regras com o uso de diferentes combinações de movimentos.

Atividade: Corrida com bola e bastão

Formação: Em quatro colunas.

Material: Quatro bolas de borracha e quatro bastões, giz ou barbante.

Objetivos: Desenvolver as noções de tempo e espaço.

A combinação de movimentos permite executar as habilidades motoras de locomoção, andar ou correr, assim a manipulação com o segurar e empurrar, além de desenvolver a noção de tempo e espaço, a cooperação e a ética.

Descrição: O professor organiza quatro colunas e demarca com giz ou barbante a linha de chegada, distante cinco ou seis metros. Ao sinal do professor, o primeiro de cada coluna irá se deslocar andando ou correndo (conforme previamente combinado), e conduzindo a bola no solo empurrando-a com o bastão, até a linha de chegada. Voltará e entregará ao primeiro da coluna os materiais, se colocará ao final da coluna.

O próximo fará o percurso empurrando a bola com o bastão, voltará e entregará ao seguinte. Assim por diante, até que todos, de cada coluna tenham participado. Vencerá a equipe que todos tenham ido e cumprido as regras. O professor poderá repetir o jogo dando novas oportunidades de participação e contando os pontos de cada equipe.

Ao final da atividade, o professor fará uma roda de conversa para discutir sobre "o saber ganhar e o saber perder, o cooperar na formação das equipes" e até sobre a criatividade no uso da combinação dos movimentos, assim como a ética na participação e cumprimento das regras.

Atividade: Corrida dos Aros (percepção corporal)

Formação: Em roda.

Material: Três aros ou bambolês.

Objetivos: Ampliar a criatividade e a cooperação.

É importante desenvolver a criatividade e a combinação e coordenação de movimentos, de modo que todos aprendam a cooperar com os demais.

Descrição: O professor organiza os alunos em um círculo e coloca um dos aros no braço de um dos participantes. Este terá que passar todo o corpo por dentro do aro fazendo com que o mesmo chegue até o seu outro braço, e depois passará para o do colega à sua direita. Após algum tempo, o professor coloca o segundo e o terceiro, um a um prosseguindo a atividade. Após pode inverter o percurso, girando os aros à sua esquerda. Todos deverão controlar o tempo de execução dos movimentos para que os três aros não se encontrem. Por tratar-se de um jogo cooperativo, o professor observa a motivação dos alunos, para determinar o final da atividade.

Atividade: Jogo do Funil

Formação: Em três colunas organizadas em equipe.

Material: Barbantes e cones feitos de papel.

Objetivos: Melhorar a capacidade respiratória e a percepção de si.

Exercer o uso e controle da motricidade da face e do corpo em conjunto com a capacidade pulmonar, é importante, pois melhora a percepção do corpo, a coordenação motora e o autocontrole, e de forma interdisciplinar trabalha com a área de Ciências.

Descrição: O professor organiza a turma em três colunas divididas frente a frente e coloca dois ajudantes para cada uma delas. Os ajudantes seguram um barbante estendido e nele está preso um funil de papel.

Ao sinal do professor, o jogo se inicia e cada aluno deverá conduzir assoprando, o funil que está suspenso no barbante, para levá-lo até a linha de chegada. A seguir, outro participante corre e traz o funil de volta, do mesmo modo, assoprando. A atividade termina quando todos tiverem participado. O professor determina como vencedora a equipe que primeiro concluir a tarefa.

Atividade: Vinte Passos

Formação: Em duas equipes.

Material: Uma bola de basquete ou bola grande de borracha.

Objetivos: Ampliar o respeito às regras e aos colegas. Desenvolver a Ética.

É importante desenvolver a criatividade e a combinação de movimentos dos alunos, assim como aprofundar o Jogo de Regras, e o respeito pelos participantes de forma ética.

Descrição: O professor separa a turma em duas equipes e estes se colocarão livremente pela quadra ou o espaço demarcado.

Os alunos se deslocarão livremente e utilizarão a bola de basquete ou semelhante para realizar 20 passes, de um para o outro e para todos da equipe, contando em voz alta o número de passes. Enquanto isso os da equipe contraria tentarão interromper a passagem da bola e capturá-la. Se conseguirem, iniciarão seus passes e sua contagem.

Sempre que a passagem for interrompida a contagem volta ao zero. A equipe que executar os 20 passes fará um ponto. A atividade terminará por pontos ou por tempo, e depende do que o professor combinar com os alunos.

Atividade: Futebol de Caranguejo

Formação: Em duas equipes.

Material: Duas bolas de borracha ou duas bexigas.

Objetivos: Ampliar o controle do corpo. Desenvolver noções de equipe.

A combinação de movimentos de locomoção, em quatro apoios durante um Jogo de Regras permitirá aos alunos ampliar a noção de espaço e a colaboração para que eles se desloquem pouco e deem colaboração à equipe.

Descrição: O professor permite que os alunos escolham o lado da quadra em que a equipe permanecerá. Ele escolhe um goleiro para cada equipe e este ficará na área do gol ou em um espaço demarcado ao final de cada lado da quadra.

Ao sinal do professor, todos se colocarão na posição de quatro apoios, com a barriga para cima, sob a qual transportarão a bola. Se forem "cadeirantes", é só transportar a bola e passá-la aos colegas e depois se deslocar. A finalidade é que todos se locomovam em quatro apoios, por um curto espaço, e parem para passar a bola aos demais que tentarão se aproximar e lançar a bola ao gol. Se a equipe adversária tomar a bola todos se deslocarão para o lado contrário ou tentarão tomá-la novamente.

O jogo termina por tempo ou se demonstrarem cansaço. Então o professor conta os pontos de cada equipe.

Atividade: Múmias em Ação

Formação: Em duas equipes.

Material: Uso do corpo das crianças.

Objetivos: **Desenvolver cooperação. Combinar habilidades de carregar e transportar.**

Descrição: Os participantes estarão separados em duas equipes. Cada equipe escolherá um local da quadra para ser seu esconderijo. Vários alunos serão escolhidos para serem as múmias e elas estarão imóveis em pé ou deitadas em algum lugar do espaço do jogo.

Os participantes deverão se unir para levantar e carregar a múmia encontrada, transportando-a para seu esconderijo. Nesse transporte todos devem unir-se para usar de forma cooperativa a força e com ajuda mútua chegar ao seu esconderijo. Eles precisam ter atenção também para que as múmias que já foram transportadas para o esconderijo não sejam levadas pela equipe contrária.

Será vencedora a equipe que ao final do tempo determinado pelo professor conseguir um maior número de múmias.

Através das atividades lúdicas, recreativas e formativas as crianças desenvolvem a motricidade, constroem conhecimentos, se expressam, em duplas, trios, grupos e em círculo. Em geral, elas se comunicam e participam socialmente com diferentes colegas e aprendem as regras, sobre a troca de papéis, o modo de cooperar e ajudar aqueles alunos que possuem deficiências e dificuldades em sua motricidade, e em sua oralidade, desenvolvendo assim a ética e a cidadania. Adquirem competências sociais, testam seus próprios limites e a autoconfiança em atividades orientadas pelo professor, e que envolvem o aprender a ganhar e a perder, o competir e o cooperar, no decorrer das aulas, em atividades como a descrita anteriormente.

Atividade: Voleibol de toalhas ou de lençol

Formação: Em duas equipes.

Material: Seis toalhas ou dois lençóis, uma bola plástica grande, uma corda ou elástico longo.

Objetivos: Desenvolver criatividade e combinação de movimentos de correr, andar, erguer o material, tocar e se deslocar em equipe.

Descrição: O professor organiza a turma em duas equipes, uma de cada lado da quadra. Se optar por toalhas serão três para cada equipe e os alunos se organizarão para segurá-las alto do solo, permanecendo ao redor delas. Se optar por lençóis, organiza cada equipe segurando um lençol e do seu lado da quadra.

O meio estará demarcado por uma corda ou elástico preso dos dois lados e alto do chão.

Ao sinal do professor, este lança a bola que deverá ser recebida no lençol ou toalhas, e controlada para não cair ao solo, podendo ainda ser lançada ao alto para dar maior impulso e depois mandada para o outro lado, para ser recebida e controlada pela outra equipe do outro lado da quadra. Tanto a percepção, quanto a atenção de cada uma das equipes e de suas estratégias permitirão a defesa de cada grupo.

O professor pode decidir se o jogo será apenas cooperativo, por tempo, ou se conta pontos para cada acerto das equipes.

Atividade: Novos Enigmas

Formação: Em três ou mais equipes.

Material: Tiras de cartolina ou papel pardo, canetinhas coloridas.

Objetivos: Desenvolver criatividade, cognição, atenção e combinação de movimentos.

Descrição: O professor organiza previamente e pode contar com ajudantes para organizar o material. Recorta as tiras de cartolina ou papel pardo, nas quais, sem que os alunos saibam, ele anotará palavras separadamente e que compõem uma ou mais frases. Cada equipe receberá o seu pacote e, ao sinal do professor, deverão organizar o material para montar as frases ou os enigmas, com tarefas para cumprir. Poderão também anotar suas hipóteses em uma folha de caderno.

Ao final o professor verifica se conseguirão resolver o enigma e cobra a execução da tarefa, que envolverá uma proposta de habilidades motoras, por exemplo: "Os jogadores de uma equipe de basquetebol correm batendo e passando a bola para seus colegas e tentam lançar o mais longe possível". Cada equipe poderá receber frase iguais ou diferentes para montar o enigma e depois executar a tarefa. O professor conta os pontos e distribui uma nova rodada de "Enigmas".

Atividade: Bexiga na Rede

Formação: Em duas equipes.

Material: Uso bexigas, um rolo de elástico.

Objetivos: Desenvolver criatividade. Aprofundar o Jogo de Regras.

Descrição: O professor estende um rolo de elástico no espaço disponível e prenderá o mesmo dos dois lados e alto cerca de 1,50 m do solo. Distribui as bexigas para os alunos encherem, as amarra e organiza a turma em duplas, sendo um em cada lado do elástico.

Os alunos deverão lançar a bexiga para o colega do outro lado que tentará rebatê-la devolvendo ao parceiro. Depois de algum tempo, o professor forma trios, sendo um de um dos lados e dois em frente e do outro lado.

Aquele que está sozinho lança a bexiga e um de cada vez deverá tocá-la e rebatê-la. Passado mais algum tempo, o professor organiza equipes em quartetos, de cada lado do elástico e frente a frente com as outras equipes, do lado contrário. Cada equipe poderá lançar e recuperar a bola até 10 vezes antes de mandá-la para o outro lado.

As equipes que fizerem os 10 toques, sem deixar a bexiga cair farão pontos. Ao final de um determinado tempo, o professor encerra o jogo e verifica os pontos de cada equipe.

Caro professor, ao estudar as características do desenvolvimento infantil se evidencia o "**fazer e o compreender**", como parte integrante do pensamento da criança que atingiu o período das operações concretas, principalmente aos 10 e 11 anos de idade, quando os alunos já têm uma imagem e consciência maior de seus próprios movimentos, do espaço e conseguem pensar e refletir sobre o que lhes é proposto. É possível realizar atividades interdisciplinares com Língua Portuguesa e com Ciências ou História e Geografia.

Neste período de desenvolvimento as crianças gostam de discutir com o "outro", mas têm uma incrível capacidade de aprender a chegar a acordos e até em compreender suas próprias ações e superar desafios.

Elas também já demonstram através dos seus movimentos, dos jogos cooperativos, dos jogos de regras, das danças e das atividades rítmicas, das descrições verbais, que são capazes de realizar a partir da evocação das atividades práticas. Essas atividades podem ser combinadas com os conhecimentos sobre o corpo, a lateralidade, a agilidade, o controlar o uso da força das mãos, braços e pernas, assim como sua participação nas atividades coletivas em pequenos grupos, grandes grupos ou equipes e com os grandes jogos.

Por volta dos 9 a 10 anos compreendem suas próprias ações, mas muitas vezes necessitam da intervenção do professor, que proporá que demonstrem seus movimentos, assim como usará os jogos de regras, as danças, as atividades rítmicas, a percepção corporal e o relaxamento como conteúdos escolares que lhes proporcionarão maior desenvolvimento motor e cognitivo.

As atividades relaxantes acalmam e preparam os alunos para perceber seu corpo, assim como respeitar o dos demais. São recreativas e envolvem habilidades do repertório motor, cognitivo, cultural e afetivo-social, da Ética e do respeito para com o corpo. Também envolvem a interdisciplinaridade com Ciências, para reconhecer e melhorar a postura corporal, assim como a Língua Portuguesa, com o desenvolvimento da linguagem e da comunicação oral, corporal, artística e a expressão do próprio pensamento.

Atividade: Relaxamento Colorido

Formação: Alunos ocupando o espaço, deitados longe um do outro.

Material: Colchonetes.

Objetivos: Desenvolver concentração, percepção corporal, postura e Ética.

Descrição: Crianças deitadas de costas no chão. Professor peça para os alunos deitarem de costas (se possível sobre colchonetes) e com a música tocando diga:

"Deite-se confortavelmente. Feche os olhos. Enquanto você relaxa, diga para você mentalmente: meu corpo está pesado, pesado, pesado. Sinto-me calmo, alegre e descansado.

Você percebe os raios coloridos do sol. Como um arco-íris. Está completamente relaxado... livre para experimentar o descanso e o silencio. para relaxar. Para ouvir a música e descansar. Descanse por alguns momentos. Agora, bem devagar, vire para um lado, para o outro, espreguice, alongue-se e sinta a energia retomar seu corpo.

Alongue-se mais uma vez, solte o corpo e, aos poucos abra os olhos e vá se sentando".

Essas atividades relaxantes e recreativas envolvem habilidades do repertório motor, cognitivo, cultural e afetivo-social, assim como o desenvolvimento da linguagem e da comunicação oral, corporal, artística, a percepção de si e a expressão do próprio pensamento.

Aos 9, 10-11 anos de idade espera-se que as Habilidades Motoras, Habilidades Intelectuais, Habilidades Afetivas e Sociais já estejam bastante desenvolvidas, mas, sempre é bom resgatar atividades para ampliá-las, assim como promover a criatividade dos alunos.

Professor, cada turma ou ano deverá ter seu plano, segundo as necessidades do grupo, previstos com: os objetivos, *os conteúdos com* ***temas e subtemas*** *que serão abordados, as estratégias adotadas e o respectivo material a ser utilizado, com previsão de avaliações.*

Para concluir: na **Metodologia de Aula,** sugiro que essas habilidades sejam preferencialmente trabalhadas de forma lúdica, para os alunos do 1º e o 2º anos, e que para os alunos do 3º, 4º e 5º anos do Ensino Fundamental, o professor amplie as possibilidades de acordo com o desenvolvimento cognitivo e motor dos alunos, incluindo atividades lúdicas e formativas, mas que o professor:

A) Ao início da aula organize a turma em um círculo ou roda de conversa e informe sobre as atividades que serão feitas e os materiais que utilizará.

B) Fale de frente para todos compreenderem as informações e inclua todos os alunos, mesmo àqueles com deficiência.

C) Use as atividades, as danças ou os jogos, com a formação escolhida: em duplas, trios, grupos, equipes, em colunas ou no círculo.

D) Ao final da aula organize a roda de conversa, para avaliar a compreensão e a participação de todos, com comentários sobre a finalidade das atividades.

A "**Avaliação**" é parte integrante do trabalho do professor, principalmente a *"Avaliação Diagnóstica"*, ao início do ano e dos trabalhos. Ela serve para verificar as possibilidades dos alunos e até para planejar ações que auxiliem o ensino-aprendizagem. O registro dessa e de outras formas de avaliação é importantíssimo, pois permitir acompanhar de perto o desenvolvimento dos alunos, suas dificuldades, seus progressos, suas necessidades e suas possibilidades.

Acredito que os professores podem construir seu "diário de bordo ou de campo", no qual destinam espaço para os ***registros de suas observações avaliativas***, individuais ou de cada turma. Esse instrumento servirá de memória de cada turma, poderá ainda conter outros relatos semanais ou mensais, fotos, e até alguns trabalhos significativos de alunos.

Sugiro que todas essas habilidades sejam preferencialmente trabalhadas de forma lúdica e formativa para os alunos do 4º e do 5º ano do Ensino Fundamental, e que o professor escolha várias atividades de acordo com o desenvolvimento da turma; organize a turma em círculo e comente sobre as atividades e os materiais que utilizará; procure falar de frente para todos, procure incluir todos os alunos sem e com deficiência; use as atividades, danças ou os jogos, com a formação escolhida: em duplas, trios, grupos, equipes, em colunas e ou estafetas, e no círculo.

Ao mudar de uma atividade para outra, solicite que as crianças fiquem sentadas para ouvir as explicações e reinicie a prática. Ao final da aula organize a roda de conversa ***para avaliar*** a compreensão e participação de todos.

A "Avaliação" é parte integrante do trabalho do professor e serve para verificar as possibilidades, conhecimentos e habilidades dos alunos e até para planejar ações que auxiliem o ensino/aprendizagem. O registro dessas observações em uma ficha de avaliação ou caderno de campo é importantíssimo. Ele permite acompanhar de perto o desenvolvimento dos alunos.

Ao final de cada aula organize a roda de conversa ***para avaliar*** a compreensão e participação de todos, os conhecimentos adquiridos e comentar sobre as habilidades dos alunos e até para planejar ações que auxiliem o ensino-aprendizagem, tendo como referencia a individualidade do aluno e do grupo.

Nas habilidades trabalhadas, você verifica se os alunos: utilizam diferentes formas de movimento, se convivem e interagem com o grupo; se respeitam as regras; se percebem a relação entre o corpo e o movimento; e se ampliaram suas formas de locomoção e manipulação e participação em jogos e atividades cooperativas e coletivas.

Espero ao finalizar, que esse relato de experiências possa auxiliar antigos e novos professores a construir ou ampliar novas e felizes experiências em aulas de Educação Física na escola.

Referências

AZEVEDO, Priscila Ramos de Azevedo. *Um bichinho diferente*. Poemas livres. EPN. Editora, 2001.

BENNETT, Ruth e BENNETT, Steve. *365 atividades infantis ao ar livre*. Editora Madras, 2002.

BRASIL. MINISTÉRIO DA EDUCAÇÃO. Parâmetro Curricular Nacional de Educação Física no Ensino Fundamental. Brasília, 1998.

BROUGÉRE, Gilles. *Brinquedo e Cultura*. 2. ed. São Paulo: Cortez, 1997.

CAVALARI, Vinicius Ricardo, e VALVERDE, P. Trabalhando com recreação. São Paulo: Icone Editora, 1998.

FREIRE, João Batista. *O jogo*: entre o riso e o choro. Campinas: Autores Associados, 2002.

________. Esboço de Organização de um Currículo em uma Escola. CBCE. *Revista Brasileira de Ciências do Esporte* 21 (1), setembro, Florianópolis, 1999.

FRIEDMANN, Adriana. *A arte de Brincar*. Brincadeiras e jogos tradicionais. Rio de Janeiro: Editora Vozes, 2004.

FURTUNA, Tânia Ramos. O brincar na Educação Infantil - *Revista Pátio Educação Infantil*. Ano I, n. 3, Dez.2003/ Mar. 2004.

GALLAHUE, David. *Compreendendo o Desenvolvimento Motor*: bebês, crianças, adolescentes e adultos. São Paulo: Phorte Editora, 2001.

HUIZINGA, Johan. Homo Ludens. *O jogo como elemento de cultura*. São Paulo: Universidade de São Paulo e Perspectiva, 1971.

KISHIMOTO, Tizuko Morchida. *O Jogo e a Educação Infantil*. São Paulo: Pioneira, 1998.

__________ .(org.). *O brincar e suas teorias*. São Paulo: Pioneira, 1998.

LEIF, Joseph e Brunelle, Hauceien. *O jogo pelo jogo*. Tradução de Júlio César Castanõn Guimarães. Rio de Janeiro: Zahar, 1989.

MOYLES, Janet R. *Só Brincar?* O papel do brincar na educação infantil. Trad. Maria Adriana Verone. Porto Alegre: Artmed Editora, 2002.

OLIVEIRA, Marta Kohl de: *Vygotsky Aprendizado e desenvolvimento*. Um processo sócio histórico. 4. ed. São Paulo: Ed. Scipione, 200.

OLIVEIRA, Vera Barros de. *O símbolo e o brinquedo*. 2ed. Petrópolis: Vozes, 2000.

OLIVEIRA, Zilma de Morais Ramos de (org.). *Educação Infantil*: Muitos Olhares – 4. ed. São Paulo: Cortez, 2000.

PIAGET, Jean. *A formação do símbolo na criança*. Rio de Janeiro: Zahar, 1978.

RABINOVICH, Shelly Blecher. *O espaço do movimento na educação infantil*. Formação e Experiência Profissional. São Paulo: Phorte Editora, 2007.

RIZZI, Leonor e HAYDT, Regina Célia. *Atividades lúdicas na educação da criança*. 7. ed. São Paulo: Ática, 1998.

SÃO PAULO ESTADO, SECRETARIA DA EDUCAÇÃO. TANI, Go, In: *Educação Física, Vida e Movimento*. CENP, São Paulo, 2005.

__________. BETTI, Mauro. In: *Caderno do professor*. Educação Física: ensino fundamental 5ª Série. SEE, São Paulo, 2008.

__________. FREIRE, João Batista. In: *Proposta Curricular de Educação Física no 1º*. Grau. CENP, São Paulo, 1991, 1992.

SILVA, Thiago A.C. *Manual de lazer e recreação*: o mundo lúdico ao alcance de todos. São Paulo: Phorte Editora, 2010.

VYGOTSKY, L. S. *A formação social da mente*. 4. ed. São Paulo: Martins Fontes, 1991.

WALLON, Henri. *A evolução psicológica da criança*. Rio de Janeiro: Editorial Andes, 1962.

Porto
de Idéias
EDITORA

www.portodeideias.com.br